독일어 알파벳

A a [a:] 아:
der Abend 아벤트 저녁

B b [be:] 베:
die Bank 방크 은행

C c [tse:] 체:
das Café 카페 카페

D d [de:] 데:
der Dank 당크 감사

E e [e:] 에:
die Ente 엔테 오리

F f [εf] 에프
die Fabrik 파브릭 공장

G g [ge:] 게:
die Gabel 가벨 포크

H h [ha:] 하:
die Hand 한트 손

I i [i:] 이:
die Idee 이데 아이디어, 이념

J j [jɔt] 요트
das Jahr 야르 연, 해

K k [ka:] 카:
das Kind 킨트 아이

L l [εl] 엘
das Leder 레더 가죽

M m [εm] 엠
der Mann 만 남자

N n [εn] 엔
der Name 나메 이름

O o [o:] 오:
der Ofen 오펜 오븐

P p [pe:] 페:	**Q q** [ku:] 쿠:	**R r** [ɛr] 에르

der Pass 파스 여권   das Quadrat 크바드라트 사각형   das Rad 라트 바퀴

S s [ɛs] 에스	**T t** [te:] 테	**U u** [u:] 우:

der Sohn 존 아들   der Tag 탁 낮, 날   die U-Bahn 우반 지하철

V v [fau] 파우	**W w** [ve:] 베:	**X x** [iks] 익스

der Vogel 포겔 새   der Weg 벡 길   das Examen 액자멘 시험 / das Xenon 크세논 크세논

Y y [ypsilon] 윕실론	**Z z** [tsɛt] 체트	**Ä ä** [ɛ:] 애:

die Yacht 야흐트 요트   die Zeit 차이트 시간   die Äpfel 애펠 사과들

Ö ö [ø:] 외:	**Ü ü** [y:] 위:	**ß** [estsɛt] 에스체트

das Öl 욀 기름   die Übeltat 위벨타트 범행   die Straße 쉬트라쎄 길

독일어 발음부터 단어 ★ 기본 문법 ★ 회화까지

이것이 독학
독일어 첫걸음이다!

독일어 발음부터 단어 * 기본 문법 * 회화까지

이것이 독학

독일어 첫걸음이다!

오민정 지음 / Julia Buchholz 감수

Vitamin Book

비타민북

머리말

2016년 다보스 포럼에서 클라우스 슈밥이 '이번에는 다르다'라고 하며 4차산업혁명 시대가 왔음을 알린 이후 우리는 미래에 대한 기대감과 함께 인간보다 우월한 AI의 시대가 오는 것은 아닌지 약간의 두려움을 가지고 있다.

독일에서는 이러한 시대에 발맞춰, 일찍부터 그들이 가진 강점인 제조업에 과학 기술을 접목시키고 'Industrie 4.0-Plattform'이라는 전략을 세웠다. 새로운 제조업 강국으로 떠오르기 위한 준비를 하고 있는 것이다. 2019년 독일 하노버산업 박람회의 주제어는 'Souveränität'(주권), 'Interoperabilität'(상호 협력성), 'Nachhaltigkeit'(지속 가능성)이었다.

시민이 주체가 되고 각 분야, 더 나아가 인간과 로봇이 상호호혜적인 관계를 가지고 지속 가능한 사회를 건설하는 것이 중요함을 강조한 것이다. 여기에서 중요한 것은 서로 간의 소통이다. 각 분야 간의 의사소통이 빠르고 잘 이루어져야 효과적인 작업을 수행할 수 있기 때문이다. 이 점에서 언어의 중요성은 더욱 강조된다. 특히, 4차산업혁명의 선두 주자로 나서고 있는 독일의 언어를 말할 수 있는 능력을 갖추는 것은 미래에 '준비된 인재'로서 한 몫을 할 수 있는 기본 조건을 갖추는 것이기에 그 중요성은 더욱 강조된다. 따라서 앞으로 자신에게 다가올 기회를 잡기 위해 '독일어'라는 디딤돌을 마련할 필요가 있는 것이다.

이 책에서는 독일어를 처음 접하는 언어 초보자들이 혼자서도 쉽게 독일어 기초 과정을 익힐 수 있도록 집필되었다. 기본적인 인사말부터 시작하여 일상생활에서 필요한 대화를 바탕으로 그 안에 언어를 구사하기 위한 기본적인 독일어 문법 체계를 설명하였다. 기본회화와 응용회화를 통해서 일상 회화를 익히고, 각 문장 안에 숨어 있는 문법을 해설을 통해서 구체적으로 설명하고 있다. 각 과가 끝날 때마다 내용을 얼마나 파악하였는지 스스로 평가해 보도록 '평가 테스트'를 배치하였다. 또한, 각 과의 말미에는 주제별 단어를 배치하여 그림과 함께 단어를 쉽게 익힐 수 있도록 하였다.

'시작이 반이다'라는 속담처럼, 오늘 독일어 공부를 시작한 독일어 학습자들이 꾸준히 독일어를 학습하여 자신이 이루고자 하는 목표에 다다를 수 있기를 바란다.

'Toi! Toi! Toi! (화이팅!!!)

— 저자

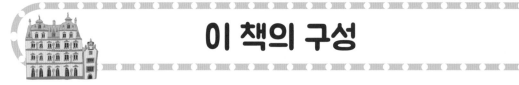

이 책의 구성

독일어 발음부터 기본 문법, 단어, 회화까지 한 번에!

TAG 30으로 나누고, 각 TAG마다 기본회화와 응용회화, 문법을 수록했습니다.
간단하면서도 꼭 필요한 표현들을 익혀 보세요~

독일어 문자와 발음

독일어의 기본인 알파벳과 자음, 모음의 개념,
발음법까지 정확하게 익혀 보세요.

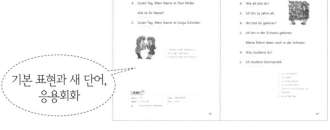

기본 표현과 새 단어,
응용회화

가장 기본적인 표현을 꼼꼼히 익히고 모르는 단어는 새 단어
에서 바로바로 찾아서 익힐 수 있습니다. 응용회화에서는 실
생활에서 많이 쓰는 표현들을 배워봅니다.

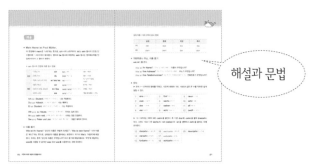

해설과 문법

문법의 핵심 포인트를 한 눈에 보기 좋게 표로 설명했으며,
예문과 함께 알기 쉽고 친절하게 설명했습니다.

주제별 그림 단어

각 TAG와 관련된 다양한 주제별 그림 단어로 쉽고
재미있게 어휘를 익혀 봅니다.

평가 테스트

그날 배운 내용을 얼마나 이해했는지
점검, 복습하고 작문 연습도 해 봅니다.

부록

독일어 주요 문법과 필수 동사, 필수 명사 등을
수록하였습니다.

원어민 성우의 정확한 발음을 QR코드로 직접 듣거나
웹하드(www.webhard.co.kr)에서 다운받아 들을 수 있습니다.
알파벳, 기본 표현, 응용회화, 단어, 주제별 그림 단어까지
원어민 성우의 정확한 발음을 반복해서 들어 보세요.

웹하드에서 다운받는 방법 313p 참고하세요.

차 례

학습 내용

PART

1

독일어 알파벳
발음
자음과 모음
읽기 연습

독일 축구와 분데스리가

독일의 프로축구 리그는 1부 리그인 분데스리가와 2부 리그인 2. 분데스리가(2. Bundesliga, 1974년에 시작), 3부 리그인 3 리가로 구성되어 있으며, 3 리가까지는 프로 리그이다. 분데스리가는 18개 팀이 경쟁하고, 현재까지 최다 우승팀은 바이에른 뮌헨이다.

뉘른베르크

도르트문트

뒤셀도르프

라이프치히

레버쿠젠

마인츠

뮌헨글라트바흐

바이에른뮌헨

베르더 브레멘

볼프스부르크

샬케

슈투트가르트

아우크스부르크

아인트라흐트 프랑크푸르트

프라이부르크

하노버

헤르타베를린

호펜하임

※ 2018~2019 분데스리가 엠블럼

15

독일 유명 인사의 명언

Alles, was man tun muss, ist, die richtige Taste zum richtigen Zeitpunkt zu treffen.

우리가 행해야 하는 모든 것은 적절한 때에 적절한 건반을 누르는 것이다.

richtig 리히티히 적격인, 올바른, 참된 / **Taste** 타스터 ⓕ 건반, 자판 / **Zeitpunkt** 차이트푼크트 ⓜ 시각, 순간, 시대

바흐 Johann Sebastian Bach (1685~1750)

Habe Mut, dich deines eigenen Verstandes zu bedienen.

너의 오성을 사용하려는 용기를 가져라!

Mut 무트 ⓜ 용기, 대담 / **Verstand** 페어슈탄트 ⓜ 오성, 지성, 이해

칸트 Immanuel Kant (1724~1804)

Es irrt der Mensch, solange er strebt.

인간은 노력하는 한 방황한다. - 파우스트에서

Mensch 멘쉬 ⓜ 인간, 사람 / **irren** 이렌 길을 잃다, 방황하다

괴테 Johann Wolfgang von Goethe (1749~1832)

Ewig Dein. Ewig mein. Ewig uns.

영원히 너의, 영원히 나의, 영원히 우리의

ewig 에비히 영원히

베토벤 Ludwig van Beethoven (1770~1827)

Die größte aller Torheiten ist, seine Gesundheit
aufzuopfern.

가장 어리석은 것은 자신의 건강을 해치는 것이다.

Torheit 토르하이트 ⓕ 어리석음, 바보짓 / aufopfern 아우프오퍼른 희생하다

쇼펜하우어 Arthur Schopenhauer (1788~1860)

Die Revolutionen sind die Lokomotiven der Geschichte.

혁명은 역사의 기관차다.

Revolution 레볼루치온 ⓕ 혁명, 변혁 / Lokomotive 로코모티버 ⓕ 기관차

마르크스 Karl Heinrich Marx (1818~1883)

Gott ist tot.

신은 죽었다.

Gott 고트 ⓜ 신, 조물주 / tot 토트 죽은, 기진맥진한

니체 Friedrich Whlhelm Nietzsche (1844~1900)

Denn der radikalste Zweifel ist der Vater der Erkenntnis.

가장 철저한 의심은 인식의 아버지인 것이다.

Zweifel 츠바이펠 ⓜ 의심, 의혹 / Erkenntnis 에어켄트니스 ⓕ 지식, 인식, 깨달음

막스 베버 Max Weber (1864~1920)

독일어 알파벳

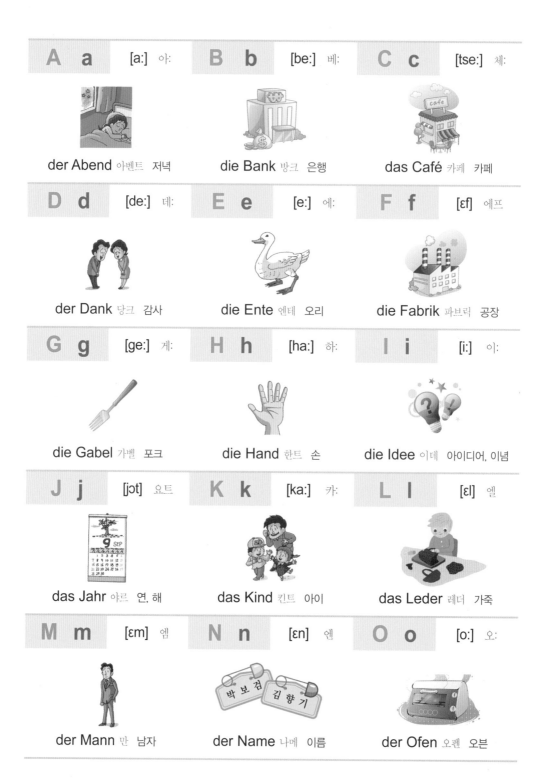

A a [a:] 아:	**B b** [be:] 베:	**C c** [tse:] 체:
der Abend 아벤트 저녁	die Bank 방크 은행	das Café 카페 카페

D d [de:] 데:	**E e** [e:] 에:	**F f** [εf] 에프
der Dank 당크 감사	die Ente 엔테 오리	die Fabrik 파브릭 공장

G g [ge:] 게:	**H h** [ha:] 하:	**I i** [i:] 이:
die Gabel 가벨 포크	die Hand 한트 손	die Idee 이데 아이디어, 이념

J j [jɔt] 요트	**K k** [ka:] 카:	**L l** [εl] 엘
das Jahr 야르 연, 해	das Kind 킨트 아이	das Leder 레더 가죽

M m [εm] 엠	**N n** [εn] 엔	**O o** [o:] 오:
der Mann 만 남자	der Name 나메 이름	der Ofen 오펜 오븐

P p [pe:] 페: **Q q** [ku:] 쿠: **R r** [ɛr] 에르

der Pass 파스 여권

das Quadrat
크바드라트 사각형

das Rad 라트 바퀴

S s [ɛs] 에스 **T t** [te:] 테 **U u** [u:] 우:

der Sohn 존 아들

der Tag 탁 낮, 날

die U-Bahn 우반 지하철

V v [fau] 파우 **W w** [ve:] 베: **X x** [iks] 익스

der Vogel 포겔 새

der Weg 벡 길

das Examen 엑자멘 시험
das Xenon 크세논 크세논

Y y [ypsilɔn] 윕실론 **Z z** [tsɛt] 체트 **Ä ä** [ɛ:] 애:

die Yacht 야흐트 요트

die Zeit 차이트 시간

die Äpfel 애펠 사과들

Ö ö [ø:] 외: **Ü ü** [y:] 위: **ß** [estsɛt] 에스체트

das Öl 욀 기름

die Übeltat 위벨타트 범행

die Straße 쉬트라쎄 길

발음

독일어 읽기는 알파벳의 발음에 따라서 읽으면 된다.
강세는 일반적으로 단어의 1음절에 있다.

예   Name [ná:mə] 나메 이름

Ast [ast] 아스트 나뭇가지

Morgan [mɔ́rgən] 모르겐 아침

Vogel [fó:gəl] 포겔 새

Kugel [Kú:gəl] 쿠겔 공

* –ik, –ei, –ie, –tät, –thek, ieren, –aut 등의 어미로 끝나는 단어는 강세가 어미에 있다.

예   Bibliothek [biblioté:k] 비블리오테크 도서관

Musik [muzí:k] 무직 음악

Malerei [ma:lərái] 말러라이 회화

Studieren [studí:rən] 쉬튜디런 전공하다

Universitat [univɛrzité:t] 우니버지테트 대학교

자음과 모음

모음

1) 단모음

a	[a:] 아:	der Aal [a:l] 알 뱀장어	
	[a] 아	der Apfel [ápfəl] 아펠 사과	
e	[e:] 에:	die Ebene [é:bənə] 에베너 평야, 평지	
	[ɛ] 에	die Ebbe [ɛ́bə] 에버 썰물, 간조	
i	[i:] 이:	der Igel [í:gəl] 이겔 고슴도치	
	[i] 이	das Ideal [ideá:l] 이데알 이상	
o	[o:] 오:	oben [ó:bən] 오번 위에	
	[ɔ] 오	das Obdach [ɔ́pdax] 옵다흐 안전한 장소, 피난처	
u	[u:] 우:	die U-Bahn [ú:ba:n] 우반 지하철	
	[u] 우	der Umbau [úmbau] 움바우 개축, 개조	

2) 장모음 : 같은 모음이 겹쳐 있는 경우에는 길게 발음한다. h 앞의 모음은 장모음이고 h 는 발음하지 않는다.

ee	[e:] 에:	der See [ze:] 제 호수
aa	[a:] 아:	der Aal [a:l] 알 뱀장어
oo	[o:] 오:	der Zoo [tso:] 초 동물원
h	[:]	모음 + h die Ehe [e:ə] 에: 결혼, 혼인

3) 변모음 : '··'은 움라우트라고 한다. 모음에는 움라우트가 붙어 소리바탕이 변한다.

ä	[ɛ:] 애:	die Affäre [afɛ́:rə] 아페러 용건, 사건
	[ɛ] 애	das Äpfelchen [ɛ́pfəlçən] 애펠헌 작은 사과
ö	[ø:] 외:	das Öl [ø:l] 욀 기름
	[œ] 외	öffentlich [œ́fəntlıç] 외펀트리히 공공연한, 공개적인
ü	[y:] 위:	übel [ý:bl] 위블 역겨운, 불쾌한
	[ʏ] 위	überdrüssig [ý:bərdrʏsıç] 위버드뤼시히 싫증난, 넌더리나는

4) 이중모음

ai, ay	[ai] 아이	der Mai [mai] 마이 5월 der Bayer [báıər] 바이어 바이에른 사람
ei, ey	[ai] 아이	das Eis [ais] 아이스 아이스크림
au	[au] 아우	der Bauch [baux] 바우흐 배, 복부
eu	[ɔy] 오이	euch [cyç] 오이히 그대들을, 너희들을
ie	[i:] 이:	Sie [zi:] 지 당신은, 당신을

자음

1) 단자음

b	[b]	단어의 처음, 모음 앞 das Bad [baːt] 바트 목욕
	[p]	단어의 끝, 자음 앞 das Obst [oːpst] 오프스트 과일
d	[d]	단어의 처음, 모음 앞 der Dank [daŋk] 당크 감사, 답례
	[t]	단어의 끝, 자음 앞 der Freund [frɔynt] 프로인트 친구
g	[g]	단어의 처음, 모음 앞 der Gast [gast] 가스트 손님
	[k]	단어의 끝, 자음 앞 der Berg [bɛrk] 베르크 산
j	[j]	j 는 한글의 'ㅇ' 과 유사. die Jacke [jákə] 야커 윗옷, 재킷
s	[z]	모음 앞 sauber [zaubɐ] 자우버 깨끗한, 청결한
	[s]	단어 끝, 자음 앞 die Maus [maus] 마우스 쥐, 생쥐
v	[f]	고유어 der Vater [fáːtər] 파터 아버지
	[v]	외래어 die Vase [váːzə] 바저 꽃병
w	[v]	der Wald [valt] 발트 숲, 수풀
z	[ts]	die Zeit [tsait] 차이트 시간

2) 복자음

ck	[k]	das Glück [glγk] 그뤼크 행운
dt, th	[t]	die Stadt [ʃtat] 슈타트 도시
		das Theater [teáːtər] 테아터 극장

ch	[x]	a, o, u, au+ch **der Bach** [bax] 바흐 시내	
	[ç]	그 이외의 모음, 자음+ch **die Technik** [téçnık] 테히닉 기술, 공학	
	[k]	라틴어 계통 **das Chaos** [káːɔs] 카오스 혼돈, 무질서	
	[ʃ]	불어 계통 **der Chef** [ʃɛf] 쉐프 우두머리, 장	
chs	[ks]	**sechs** [zɛks] 젝스 6, 6의	
ds	[ts]	**abends** [áːbənts] 아벤츠 저녁에, 밤에	
ts	[ts]	**nichts** [nıçts] 니히츠 아무것도 없는	
tz	[ts]	**der Platz** [plats] 플라츠 장소, 광장	
-tion	[tsióːn]	**die Generation** [genəratsioːn] 게네라치온 세대	
-sion	[zioːn]	**die Dimension** [dimɛnzióːn] 디멘지온 영역, 차원	
-ig	[-iç]	단어 끝, 자음 뒤 **billig** [bílıç] 비리히 값이 싼	
	[k]	단어의 끝에서 모음 뒤 **der Teig** [taik] 타이크 반죽	
ng	[ŋ]	**die Kleidung** [kláidʊŋ] 클라이둥 옷, 복장	
nk	[ŋk]	**die Bank** [baŋk] 방크 은행	
pf	[pf]	**der Kopf** [kɔpf] 코프 머리, 두부	
ph	[f]	**die Physik** [fyziːk] 퓌지크 물리학	
qu	[kv]	**die Qual** [kvaːl] 크발 아픔, 고통	
ss, ß	[s]	**der Pass** [pas] 파스 여권, 좁고 험한 길 **der Fuß** [fuːs] 푸스 발	
sp-	[ʃp-]	단어의 처음, 음절의 처음 **der Spaß** [ʃpaːs] 슈파스 농담, 해학	
st	[ʃt-]	**die Steuer** [ʃtɔ́rər] 슈토이어 세금, 핸들들	
sch	[ʃ]	**das Schiff** [ʃıf] 쉬프 배, 선박	
tsch	[tʃ]	**deutsch** [dɔytʃ] 도이취 독일의	

읽기 연습

1 die Post 우체국

디 포스트
('ie'는 [i:]로 발음)

2 die Nacht 밤

디 나흐트
('na'+'ch'는 [nax]로 발음)

3 der Wald 숲

데어 발트
('d'가 단어 끝에서 [t]로 발음)

4 Das ist ein Apfel. 이것은 사과입니다.

다스 이스트 아인 아펠
('ei'는 [ai]로 발음, 'pf'는 [pf]로 발음)

5 Das ist ein Bleistift. 이것은 연필입니다.

다스 이스트 아인 블라이슈티프트
('st'는 [ʃt]로 발음)

6 Ich bin krank. 저는 아파요.

이히 빈 크랑크
('nk'는 [ŋk]로 발음)

7 Er ist mein Vater. 그는 나의 아버지입니다.

에어 이스트 마인 파터
(v는 [f]로 발음)

8 Sonja ist meine Tochter. 존야는 나의 딸입니다.

존야 이스트 마이네 토흐터
('ja'는 [ja]로 발음, 'ei'는 [ai], 'to'+'ch'는 [tɔ́x]로 발음)

9 Mein Bauch tut weh. 나의 배가 아픕니다.

마인 바우흐 투트 베
('bau' + 'ch'는 [baux]로 발음, 'weh'는 [ve:]로 'h'는 소리내지 않고 길게 발음)

10 Ich liebe dich. 나는 너를 사랑해.

이히 리베 디히
('ich' 'i'는 'a,o,u'의 경우가 아니기 때문에 [ç]로 발음, 'ie'는 [i:]로 발음)

PART

2

독일어 첫걸음

기본 회화

Paul Guten Tag, Sonja.
구텐 탁 존야

Sonja Guten Tag, Paul.
구텐 탁 파울

Paul Auf Wiedersehen!
아우프 비더제엔

Sonja Tschüs!
츄스

파울 안녕, 존야

존야 안녕, 파울.

파울 다음에 봐! 안녕!

존야 안녕!

새 단어

gut 구트 좋은, 선량한, 친절한

Tag 탁 ⓜ 낮, 날

Wiedersehen 비더제엔 ⓝ 재회 (동사로 쓰일 때는 '재회하다')

tschüs 츄스 안녕 (헤어질 때 인사)

해 설

◆ 시작이 반이다!

독일어 공부를 시작하신 여러분, 독일어 읽기부터 쉽지가 않으시죠? 그러나 '시작이 반이다!' 라는 말이 있듯이 오늘 이 책의 첫 페이지를 넘긴 여러분들은 이미 독일어 공부의 반을 끝낸 것입니다. 이제 반만 남았습니다. 하루하루 이 책과 함께 독일어 표현들을 익혀 보세요!

　　Viel Spaß beim Lernen! [필 슈파스 바임 레르넨]　즐겁게 공부하세요!

◆ 만났을 때의 인사말

Guten Tag은 '좋은 날'이라는 뜻으로, 이른 아침이나 저녁 시간 이외에 사용할 수 있는 인 사말이다.
독일·스위스·오스트리아는 같은 독일어권임에도 나라마다 인사말이 다르다. 특히 스위스 에서 사용하는 독일어는 Schwyzerdütsch [슈비쳐뒤취] 라고 부를 정도로 스위스 지방색이 짙다. 스위스에서는 Guten Tag! 대신 Grüeziwohl [그뤼치볼] 이라고 말하고, 오스트리아 에서는 Grüß Gott [그뤼스 고트] 라고 말한다. Grüß Gott는 독일 남부지방에서 흔히 사용 하는 인사말이다.

◆ 헤어질 때의 인사말

Auf Wiedersehen!은 헤어질 때 인사말로 '안녕히 계세요.', '안녕히 가세요.'에 해당된다. 독일은 지역에 따라 작별의 인사말이 다르다. 중북부 지방에서는 Auf Wiedersehen! 남부 지방에서는 Auf Wiederschauen! [아우프 비더샤우엔] 이라고 인사를 한다. 친구나 친분이 두텁고 격식을 차리지 않아도 되는 사이에는 Tschüs! [츄스] 라고 한다.
그리고 전화 통화를 마치며 하는 인사는 Auf Wiederhören! [아우프 비더회렌] 이다. 전화는 보는 것(sehen : 보다)이 아니라 소리를 들으며 이야기하는 행위이기에 hören [회렌] '듣다' 라는 단어를 사용한다. 여기에서 독일어가 인간의 행위를 얼마나 정확하게 표현하는 언어인 지 짐작할 수 있다.

응용 회화

Hallo!
할로

Guten Morgen!
구텐 모르겐

Guten Tag!
구텐 탁

Guten Abend!
구텐 아벤트

Gute Nacht!
구테 나흐트

안녕!	〈평상시〉
안녕하세요!	〈오전 인사〉
안녕하세요!	〈낮 인사〉
안녕하세요!	〈저녁 인사〉
안녕히 주무세요.	〈잠자기 전〉

 새 단어

Hallo 할로우 안녕, 여보세요	**Abend** 아벤트 ⓜ 저녁
Morgen 모르겐 ⓜ 아침, 오전	**Nacht** 나흐트 ⓕ 밤

◆ **만났을 때의 인사말 2**

Hallo 는 영어의 Hello 에 해당된다. '안녕'이라는 뜻으로 만남의 인사이다. 전화를 걸었을 때에도 '여보세요'의 의미로 Hallo 를 사용한다.

◆ **다양한 인사말**

독일어에서 인사말은 영어에서처럼 시간에 따라 다르게 사용된다. Guten Morgen!은 '좋은 아침이다.'라는 의미인데, gut 은 '좋은', '선한'의 뜻이고 Morgen 은 '아침'이라는 뜻으로, 오전에 하는 인사이다.

독일의 북쪽 지방인 슐레스비히홀슈타인(Schleswig-Holstein) 주에서는 아침 인사로 Moin![모인] 이라고 말하기도 한다.

Guten Abend!는 저녁 인사이다.

> Bis später! [비스 슈페터]/ Bis nachher! [비스 나흐헤어]   나중에 봐!
> Bis bald! [비스 발트]   곧 만나!
> Bis gleich! [비스 글라이히]   조금 있다 보자!
> Bis morgen! [비스 모르겐]   내일 만나!
> Bis dann! [비스 단]   그럼 이만!

※ 명사 앞에 오는 형용사는 어미변화를 하는데, Morgen 이 남성 명사이므로 gut 다음에 -en이 붙는다. 형용사의 어미 변화는 27과에서 공부해 보자.

※ 독일어에서 명사는 남성, 여성, 중성 중 하나의 성을 갖는다.
이 책에서는 명사의 성이 남성일 때 maskulin의 약자 ⓜ, 여성일 때 feminin의 약자 ⓕ, 중성일 때 neutral 의 약자 ⓝ으로 표기했다.
성에 따라 명사 앞에 오는 관사도 달라지므로 관사도 같이 외우는 것이 좋다. 그리고 독일어 명사는 항상 대문자로 시작한다.

Körper 쾨르퍼 몸, 신체

Gesicht 게지히트 ⓝ 얼굴

Kopf 코프 ⓜ 머리

Hand 한트 ⓕ 손

Finger 핑거 ⓕ 손가락

Hals 할스 ⓜ 목

Schulter 슐터 ⓕ 어깨

Arm 아름 ⓜ 팔

Brust 브루스트 ⓕ 가슴

Ellbogen 엘보겐 ⓜ 팔꿈치

Hüfte 휘프테 ⓕ 허리

Rücken 뤼켄 ⓕ 등

Bein 바인 ⓝ 다리

Knie 크니 ⓝ 무릎

Fuß 푸쓰 ⓜ 발

Gesicht 게지히트 얼굴

Kopf 코프 ⓜ 머리

Haar 하- ⓝ 머리카락, 모발

Stirn 쉬티른 ⓕ 이마

Augenbraue 아우겐브라우에 ⓕ 눈썹

Auge 아우게 ⓝ 눈

Nase 나제 ⓕ 코

Nasenloch 나젠로흐 ⓜ 콧구멍

Wange 방에 ⓕ 뺨

Ohr 오어 ⓜ 귀

Mund 문트 ⓜ 입

Kiefer 키-퍼 ⓜ 턱

Lippe 립페 ⓕ 입술

Zunge 쭝에 ⓕ 혀

평가 테스트

Übungen

1 다음 단어의 뜻을 써 보세요.

1. Hallo _____

2. danken _____

3. Tag _____

4. Morgen _____

5. Abend _____

2 빈칸에 알맞은 독일어를 쓰세요.

1. Guten _____! 안녕하세요! (낮 인사)

2. Guten _____! 안녕하세요! (아침 인사)

3. _____ Nacht! 안녕히 주무세요! (밤 인사)

4. Auf _____! 안녕히 가세요! / 다음에 뵙겠습니다.

5. _____! 안녕

1 1. 안녕하세요/안녕   2. 고맙습니다   3. 낮, 날   4. 아침   5. 저녁

2 1. Tag   2. Morgen   3. Gute   4. Wiedersehen   5. Tschüs

Tag 2   Wie geht es Ihnen?

기본 회화

A Guten Morgen, Herr Müller.
구텐 모르겐, 헤어 뮬러

B Guten Morgen, Herr Sauer.
구텐 모르겐, 헤어 자우어

   Wie geht es Ihnen?
비 게-트 에스 이넨

A Sehr gut, danke. Und Ihnen?
제어 굳, 당케 운트 이넨

B Danke! Es geht mir gut.
당케! 에스 게트 미어 굳

A : 좋은 아침입니다. 뮬러 씨.

B : 좋은 아침이군요. 자우어 씨.

    어떻게 지내십니까?

A : 아주 잘 지냅니다. 감사합니다. 당신은요?

B : 감사합니다. 저는 잘 지냅니다.

새 단어

Herr 헤어 ⓜ (남자에 대한 경칭) ~씨, ~님.	**sehr** 제어 매우, 대단히
Ihnen 이넨 당신(들)에게	**danken** 당켄 감사합니다. 고맙습니다

35

◆ 안부 묻기1

Wie geht es Ihnen?은 '당신은 어떻게 지내십니까?'라는 의미로 독일어의 높임말에 해당한다. 독일어의 2인칭에는 우리말의 '당신'에 해당하는 존칭 Sie가 있다. Sie는 du(너)의 존칭으로 어른이나 잘 알지 못하는 상대방을 칭할 때 쓴다.

이 문장에서 Ihnen은 존칭인 Sie의 3격으로 '당신에게'라는 뜻이다. 독일어에서 어떻게 지내는지 안부를 물을 때에는 언제나 인칭대명사 3격을 쓴다. 영어식 표현에 익숙한 한국인들은 인칭대명사 3격 대신에 인칭대명사 1격을 사용하는 경우가 있는데, 이는 잘못된 표현이므로 주의해야 한다.

> Es geht mir gut. (○)
> Ich gehe gut. (×)

◆ 인칭대명사

독일어의 명사나 대명사는 1격, 2격, 3격, 4격이 있다. 위 안부를 묻는 말에서는 gehen 동사와 함께 인칭대명사 3격이 쓰인다고 하였으므로, 각각의 인칭대명사 주격과 여격을 알아보는 것과 동시에 소유격과 목적격까지 공부해 보자.

다음 표에서 sie는 여러 의미로 쓰이는 것을 알 수 있다. 동음이의어인 sie는 3인칭 단수일 때에는 '그녀'를 뜻하고, 문장에서 Sie의 첫 글자를 대문자로 쓰면 2인칭 존칭인 '당신' 혹은 '당신들'을 의미하기도 한다. 또 3인칭 복수에서는 '그들'이라는 의미도 갖는다. 따라서 문장 안에서 sie가 어떤 인칭과 격으로 쓰였는지 주의 깊게 살펴봐야 한다.

		주격 (1격) ~은/~는	소유격 (2격) ~의	여격 (3격) ~에게	목적격 (4격) ~을/~를
단수	1인칭	ich [이히] 나는	meiner [마이너] 나의	mir [미어] 나에게	mich [미히] 나를
	2인칭	du [두] 너는	deiner [다이너] 너의	dir [디어] 너에게	dich [디히] 너를
	3인칭 남성	er [에어] 그는	seiner [자이너] 그의	ihm [임] 그에게	ihn [인] 그를
	3인칭 여성	sie [지] 그녀는	ihrer [이어러] 그녀의	ihr [이어] 그녀에게	sie [지] 그녀를
	3인칭 중성	es [에스] 그것은	seiner [자이너] 그것의	ihm [임] 그것에게	es [에스] 그것을
복수	1인칭	wir [비어] 우리는	unser [운저] 우리의	uns [운스] 우리에게	uns [운스] 우리를
	2인칭	ihr [이어] 너희들은	euer [오이어] 너희들의	euch [오이히] 너희에게	euch [오이히] 너희들을
	2인칭 존칭 단수, 복수	Sie [지] 당신(들)은	Ihrer [이어러] 당신들의	Ihnen [이넨] 당신들에게	Sie [지] 당신들을
	3인칭	sie [지] 그들은	ihrer [이어러] 그들의	ihnen [이넨] 그들에게	sie [지] 그들을

2차 학습

응용 회화

A   Hallo, Peter!
할로 페터

B   Guten Tag! Sonja!
구텐 탁 존야

Wie geht es dir?
비 게트 에스 디어

A   Danke! Es geht mir gut! Und dir?
당케 에스 게트 미어 굳 운트 디어

B   Es geht mir auch sehr gut! Danke!
에스 게트 미어 아우흐 제어 굳 당케

A : 안녕, 페터!

B : 안녕! 존야!

어떻게 지냈어?

A : 고마워! 나는 잘 지냈어! 너는?

B : 나도 잘 지냈어! 고마워!

 새 단어

wie 비 얼마만큼, 얼마나	und 운트 그리고
geht 게트 지내다 (기본형 gehen)	auch 아우흐 또한, 역시
mir 미어 나에게	

◆ **안부 묻기 2**

앞에서 살펴보았듯이 상대방이 윗사람(Sie일 경우)이거나 잘 알지 못하는 사이로 정중하게 '어떻게 지내십니까?'라고 물을 때에는 Wie geht es Ihnen?이라고 한다. 친구나 격이 없는 사이에서 '너는 잘 지내니?'라는 안부 인사를 건넬 때는 Wie geht es dir?라고 쓴다. 앞의 인칭대명사 표에서처럼 dir는 du(너)의 3격(여격)인 '너에게'이다.

구어체에서는 짧게 Wie geht's?라고도 하고, 대답도 짧게 Sehr gut 혹은 gut이라고도 말한다. 이것은 Es geht mir sehr gut의 줄임말이다.

◆ **안부 인사에 답하기**

Wie geht es dir? 혹은 Wie geht's? '어떻게 지내?'의 질문에 대한 답변으로는 여러 가지 표현이 있다.

Wie geht's?				
Es geht mir super! [에스 게트 미어 주퍼] 아주 최고야! 아주 잘 지내!	Sehr gut! [제어 굳] 아주 잘 지내!	Gut! [굳] 잘 지내!	Na ja, es geht! [나야 에스 게트] 그럭저럭 잘 지내!	Ach, nicht so gut. [아흐, 니흐트 조 굳] 아, 잘 못 지내!

◆ **동사 변화**

동사는 인칭에 따라 동사 어미가 변한다. kommen[콤멘] '오다'의 경우를 살펴보자.

komm en
어간　　어미

동사의 어미 변화는 항상 규칙적이지는 않지만 일반적으로 동사어미 −en은 1인칭 단수

39

(ich)일 때 -e, 2인칭 단수(du)일 때 -st, 3인칭 단수(er, sie, es)일 때 -t로 변한다. 복수형일 때에는 wir는 -en, ihr는 -t, Sie/sie는 -en으로 변한다.

동사의 어미(-en) 앞에 -t, -d, -m, -n이 있으면 2인칭 단수는 -est를, 3인칭 단수는 -et를 붙인다. (표의 arbeiten 참조.)

heißen(불리다, 부르다) 동사와 같이 어미 -en 앞에 -s, -ß, -z가 있을 경우에는 2인칭 어미 변화에서 -st가 아닌 -t로 변한다. (du heißt)

		kommen [콤멘] 오다	arbeiten [아르바이텐] 일하다	heißen [하이센] 불리다, 부르다
단수	ich	komme [콤메]	arbeite [아르바이테]	heiße [하이쎄]
	du	kommst [콤스트]	arbeitest [아르바이테스트]	heißt [하이스트]
	er sie es	kommt [콤트]	arbeitet [아르바이테트]	heißt [하이스트]
복수	wir	kommen [콤멘]	arbeiten [아르바이텐]	heißen [하이쎈]
	ihr	kommt [콤트]	arbeitet [아르바이테트]	heißt [하이스트]
	sie/Sie	kommen [콤멘]	arbeiten [아르바이텐]	heißen [하이쎈]

◆ 감사 인사

Danke는 감사 인사이다. 구어체에서 '정말 감사합니다.'라는 표현은 Danke schön.[당케 쉔] 혹은 Danke sehr.[당케 제어]라고 한다. 이에 대한 답변으로 Bitte schön.[비테 쉔], Bitte sehr.[비테 제어] '천만에요.'라고 말한다.

또는 Nichts zu danken[니히츠 주 당켄], Keine Ursache[카이네 우어자헤]라고 말하기도 하고 '마음에서 우러나온 일이다'는 의미로 Gern geschehen![게른 게쉐엔]을 쓰기도 한다.

Danke sehr! [당케 제어] 정말 감사드립니다.

Bitte schön! [비테 쉔] 천만에요.

1 다음 단어의 우리말 뜻을 쓰세요.

1. gehen _____

2. mir _____

3. wie _____

4. Herr _____

5. Sie _____

2 빈칸에 알맞은 독일어를 쓰세요.

1. _____? 어떻게 지내십니까? (Sie)

2. _____? 잘 지내니? (du)

3. _____ 나는 아주 잘 지내.

4. _____ 나는 잘 못 지내.

5. _____ 천만에요.

정답

1 1. 걷다/가다/잘 되어가다/지내다   2. 나에게   3. 어떻게

4. ~씨/~님(남성)   5. 당신(들)

2 1. Wie geht es Ihnen?   2. Wie geht es dir?   3. Es geht mir sehr gut.

4. Es geht mir nicht so gut.   5. Bitte schön!

41

die Familie 파밀리에 가족

Großvater 그로스파터 ⓕ 할아버지   **Großmutter** 그로스무터 ⓕ 할머니

Eltern 엘터른 ⓟ 부모님

Vater 파터 ⓜ 아버지

Mutter 무터 ⓕ 어머니

Schwiegervater 쉬비거파터 ⓜ 시아버지, 장인

Schwiegermutter 쉬비거무터 ⓕ 시어머니, 장모

Sohn 존 ⓜ 아들

Tochter 토흐터 ⓕ 딸

Mann 만 ⓜ 남편

Frau 프라우 ⓕ 아내

Geschwister 게쉬비스터 ⓝ 형제, 자매, 남매

Schwester 쉬베스터 ⓕ 누나, 언니, 여동생

Bruder 브루더 ⓜ 형, 아우

Cousin 쿠진 ⓜ 남자 사촌

Cousine 쿠지네 ⓕ 여자 사촌

Schwiegersohn 쉬비거존 ⓜ 사위

Schwiegertochter
쉬비거토흐터 ⓕ 며느리

Schwager 쉬바거 ⓜ 매부, 처남

Schwägerin 쉬배거린 ⓕ
시누이, 올케, 처제, 처형

Tag 3 Mein Name ist Paul Müller

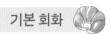

기본 회화

A   Guten Tag. Mein Name ist Paul Müller.

구텐 탁. 마인 나메 이스트 파울 뮐러

   Wie ist Ihr Name?

비 이스트 이어 나메

B   Guten Tag. Mein Name ist Sonja Schröder.

구텐 탁. 마인 나메 이스트 존야 쉬뢰더

A : 안녕하세요. 제 이름은 파울 뮐러입니다.

　　당신의 이름은 어떻게 되세요?

B : 안녕하세요. 제 이름은 존야 쉬뢰더입니다.

새 단어

mein 마인 나의	**wie** 비 어떻게, 얼마만큼
Name 나메 ⓜ 이름, 성함	**Ihr** 이어 당신의
ist 이스트 sein 동사의 3인칭 단수 직설법 현재형	

◆ **Mein Name ist Paul Müller.**

이 문장에서 mein은 '나의'라는 뜻으로, ich(나)의 소유관사이다. ist는 sein 동사의 3인칭 단수형이며 '～이다'라고 해석된다. 영어의 be 동사에 해당하는 sein 동사는 영어에서처럼 인칭에 따라서 그 형태가 변한다.

★ sein 동사의 인칭에 따른 동사 변화

단수	1인칭 (나)	ich	bin [빈]	나는 ～이다
	2인칭 (너)	du	bist [비스트]	너는 ～이다
	3인칭 (그/그녀/그것)	er/sie/es	ist [이스트]	그/그녀/그것은 ～이다
복수	1인칭 (우리)	wir	sind [진트]	우리는 ～이다
	2인칭 (너희들, 당신들)	ihr/Sie	seid/sind [자이트/진트]	너희는 ～이다
	3인칭 (그들)	sie	sind [진트]	그들/당신들은 ～이다

Ich bin Student. [이히 빈 스튜덴트] 나는 학생이다.
Du bist hübsch. [두 비스트 휩쉬] 너는 예쁘다.
Er ist Student. [에어 이스트 스튜덴트] 그는 학생이다.

Wir sind zu Hause. [비어 진트 추 하우제] 우리는 집에 있다.
Ihr seid sehr nett. [이어 자이트 제어 네트] 너희는 정말 친절하다.
Sie sind Peter und Jan. [지 진트 페터 운트 얀] 그들은 페터와 얀이다.

◆ **이름 묻기**

Wie ist Ihr Name? '당신의 이름은 어떻게 되세요?' / Wie ist dein Name? '너의 이름은 뭐니?'라는 뜻으로, 상대방의 이름을 물어보는 표현이다. 여기서 Wie는 '어떻게'에 해당된다. 우리는 흔히 '당신의 이름은 무엇입니까?'라고 묻기에 독일어에서도 '무엇'에 해당하는 was를 사용할 것 같지만 was 대신 wie를 사용한다는 것에 유의한다.

응용 회화

A Guten Tag. Ich heiße Paul Müller.
구텐 탁 이히 하이쎄 파울 뮐러

Wie heißen Sie?
비 하이쎈 지

B Ich heiße Sonja Sauer.
이히 하이쎄 존야 자우어

A Entschuldigung.
엔트슐디궁

Wie heißen Sie?
비 하이쎈 지

B Sonja Sauer. Ich heiße Sonja Sauer.
존야 자우어 이히 하이쎄 존야 자우어

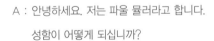

A : 안녕하세요. 저는 파울 뮐러라고 합니다.

　　성함이 어떻게 되십니까?

B : 저는 존야 자우어라고 합니다.

A : 죄송합니다.

　　성함이 어떻게 되신다고요?

B : 존야 자우어요. 저는 존야 자우어입니다.

 새 단어

heißen 하이쎈 명명하다, 불리우다, 칭하다	**Entschuldigung** 엔트슐디궁 ⨍ 용서, 변명, 사과
Sie 지 당신은	

◆ 이름 말하기

이름을 말할 때는 '〜라고 불리우다'라는 뜻의 heißen 동사를 사용한다. 혹은 sein(〜이다)
동사를 사용하기도 한다.

> Ich heiße Peter Müller. [이히 하이세 페터 뮐러] 나는 페터 뮐러입니다.
> Ich bin Peter. [이히 빈 페터] 나는 페터입니다.
> Mein Name ist Peter Müller. [마인 나메 이스트 페터 뮐러]
> 나의 이름은 페터 뮐러입니다.

* 자신의 이름을 말할 때는 '〜씨'에 해당하는 Frau(여성) / Herr(남성)를 쓰지 않는다. 즉, Ich heiße Frau
Kim. / Mein Name ist Herr Park.이라고 말하지 않는다. Ich bin Sauer.라고 성만을 말하지도 않는다.

◆ Entschuldigung. Wie heißen Sie?

앞의 응용회화에서 파울은 존야의 이름을 한 번에 알아듣지 못했다. 그래서 존야에게 실례를
저질러 '죄송하다'는 의미로 Entschuldigung이라고 말한 것이다. 파울이 '죄송합니다. 성
함이 어떻게 되신다고요?'라고 다시 질문을 했는데, 상대방의 말을 잘 듣지 못해서 다시 말해
주기를 부탁할 때에는 이처럼 다시 질문을 하거나 Wie bitte?[비 비테] '뭐라고요?'라고 말
하기도 한다.

Entschuldigung! 대신 Entschuldigen Sie![엔트슐디겐 지], Entschuldigen Sie
bitte![엔트슐디겐 지 비테] '용서해 주세요!'라고도 말한다.

'유감이다'라고 표현하고 싶을 때에는 Tut mir leid.[투트 미어 라이트]라고 말한다.

1 다음 단어를 우리말로 쓰세요.

1. Eltern _____

2. Name _____

3. heißen _____

4. Frau _____

5. ist _____

2 빈칸에 알맞은 독일어를 쓰세요.

1. Wie _____ Name? 당신의 이름은 무엇입니까?

2. Wie _____ Sie? 성함이 어떻게 되십니까?

3. Ich _____ Sonja Sauer. 저는 존야 자우어입니다.

4. _____ Name _____ Sonja Sauer 제 이름은 존야 자우어입니다.

5. _____! 죄송합니다.

1 1. 부모님   2. 이름   3. ~라고 불리우다   4. ~씨(여성), 부인   5. ~이다

2 1. ist Ihr   2. heißen   3. heiße   4. Mein, ist   5. Entschuldigung

das Haus 하우스 집

Dach 다흐 ⓝ 지붕

Fenster 펜스터 ⓝ 창문

Klingel 클링겔 ⓕ 초인종

Hausflur 하우스플루어 ⓜ 현관

Zimmer 침머 ⓝ 방

Wohnzimmer 본침머 ⓝ 거실

Schlafzimmer 쉴라프침머 ⓝ 침실

Badezimmer 바데침머 ⓝ 욕실

Küche 퀴헤 ⓕ 부엌

Tür 튜어 ⓕ 문

Garten 가르텐 ⓜ 정원

Treppe 트레페 ⓕ 계단

Briefkasten 브리프카스텐 ⓜ 우편함

Wand 반트 ⓕ 벽

Keller 켈러 ⓜ 지하실

Garage 가라쥐 ⓕ 차고

Wer sind Sie?

기본 회화

A Guten Tag. Das ist mein Kollege Herr Sauer.

구텐 탁. 다스 이스트 마인 콜레게 헤어 자우어

B Guten Tag. Herr Sauer.

구텐 탁. 헤어 자우어

C Wer sind Sie?

베어 진트 지

B Ich bin Paul Müller.

이히 빈 파울 뮬러

Ich freue mich, Sie kennenzulernen.

이히 프로이어 미히, 지 켄넨쭈레르넨

A : 안녕하세요. 이분은 제 동료 자우어 씨입니다.

B : 안녕하세요. 자우어 씨.

C : 당신은 누구세요?

B : 저는 파울 뮬러입니다.

　　당신을 알게 되어 반갑습니다.

새 단어

mein 마인 나의	**freuen** 프로이엔 기뻐하다, 반기다
Kollege 콜레게 ⒨ (직장) 동료	**kennenlernen** 켄넨레르넨 ~와 아는 사이가 되다
wer 베어 누구 (의문대명사)	

Tag 4

해 설

◆ 이름 묻고 답하기 2

Wer sind Sie?는 '당신은 누구십니까?'라는 뜻으로, 이름을 물을 때 Wie heißen Sie? 와 더불어 사용한다. 그러나 Wer sind Sie?라는 질문은 이름 이외에 상대방에 대해 더 알고 싶을 때 하는 질문이다. 따라서 이 질문에 답할 때에는 이름 외에 직업이나 출신지를 같이 말하기도 한다.

Ich bin ~ '나는 ~이다'라고 말할 때는 Ich bin Sonja처럼 이름만 말할 수도 있다(예를 들면 학생들끼리 처음 만나서 이름을 물을 경우에 사용).

그러나 Wer sind Sie?라고 누구인지 특정하여 물어볼 때에는 Ich heiße Paul Müller. 라고 이름과 성을 함께 말한다. 또한, 이름과 더불어 Ich komme aus Seoul. [이히 콤메 아우스 서울] '나는 서울 출신입니다.', Ich bin Student. [이히 빈 스튜덴트] '나는 학생입니다.' 등의 자신의 인적사항도 함께 답하기도 한다.

Wer sind Sie? [비 진트 지]　당신은 누구십니까?
Wie heißen Sie? [비 하이쎈 지]
Wie ist Ihr Name? [비 이스트 이어 나머]

Ich bin Sonja. [이히 빈 존야]　나는 존야야.
Ich heißen Sonja. [이히 하이쎈 존야]　나는 존야라고 해.
Mein Name ist Sonja. [마인 나머 이스트 존야]　내 이름은 존야야.

◆ sein 동사

상대방을 존칭하는 Siezen(Sie라는 호칭)을 사용할 때에는 Wer sind Sie?라고 말하지만, duzen(du라는 호칭)을 사용할 때에는 Wer bist du? [베어 비스트 두]라고 쓴다. 앞에서 언급한 sein 동사의 동사활용형을 다시 한 번 익혀보자.

Wer sind Sie? [베어 진트 지]　당신은 누구십니까?
Wer bist du? [베어 비스트 두]　너는 누구니?
Wer ist er? [베어 이스트 에어]　그는 누구니?
Wer ist sie? [베어 이스트 지]　그녀는 누구니?

Wer seid ihr? [베어 자이트 이어] 너희들은 누구니?

Wer sind sie? [베어 진트 지] 그들은 누구입니까?

◆ Freut mich, Sie kennenzulernen

'당신을 알게 되어 기쁘다'라는 뜻이다. freuen [프로이엔] 동사는 '기쁘다'라는 뜻으로 재귀대명사를 함께 쓰는 동사다. 이처럼 재귀대명사를 꼭 함께 사용하는 동사를 재귀동사라고 한다. 내가 기쁠 때에는 ich의 재귀대명사 mich를 사용하여 ich freue mich. [이히 프로이어 미히] 라고 쓴다.

kennenlernen [켄넨레르넨] 은 kennen (알다)과 lernen (배우다)라는 두 동사의 합성어로 '알게 되다', '아는 사이가 되다'라는 뜻을 갖는다.

Ich freue mich, Sie kennenzulernen.은 '나는 당신을 알게 되어 반갑다.'라는 뜻으로 구어체에서는 간략하게 Freut mich! [프로이트 미히] '반가워!'라고 말하기도 한다.

재귀대명사						
	단수			복수		
	ich	du	er / sie / es	wir	ihr	sie / Sie
3격	mir [미어]	dir [디어]	sich [지히]	uns [운스]	euch [오이히]	sich [지히]
4격	mich [미히]	dich [디히]	sich [지히]	uns [운스]	euch [오이히]	sich [지히]

응용 회화

A　Guten Tag. Ich bin Alberto.
구텐 탁, 이히 빈 알베르토

　　Wer bist du?
베어 비스트 두

B　Ich bin Hoon. Freut mich!
이히 빈 훈 프로이트 미히

　　Ich komme aus SüdKorea.
이히 콤메 아우스 쥐트 코레아

　　Woher kommst du?
보헤어 콤스트 두

A　Ich komme aus Italien.
이히 콤메 아우스 이탈리엔

B　Ach so. Du bist Italiener.
아흐 조, 두 비스트 이탈리에너

A : 안녕. 나는 알베르토야.

　　너는 누구니?

B : 나는 훈이야. 만나서 반가워.

　　나는 한국에서 왔어.

　　너는 어느 나라에서 왔니?

A : 나는 이탈리아에서 왔어.

B : 아, 그렇구나. 너는 이탈리아 사람이구나.

새 단어

SüdKorea 쥬트코레아 한국	Italien 이탈리엔 이탈리아
woher 보헤어 어디로부터	Italiener 이탈리에너 ⓜ 이탈리아 사람

◆ Wer, Wie, Woher

Wer, Wie, Woher 등 W로 시작하는 질문에서 동사는 W-Frage[베-프라거](의문사) 다음에 위치한다. 즉, 〈의문사+동사+주어〉의 순서이다.

Wer sind Sie? [베어 진트 지] 당신은 누구십니까?
Wie heißen Sie? [비 하이쎈 지] 당신은 성함이 어떻게 되십니까?
Woher kommen Sie? [보헤어 콤멘 지] 당신은 어디 출신이십니까?

◆ 출신지, 고향 묻기

Woher kommst du?와 Woher kommen Sie?는 출신지나 고향을 묻는 표현이다. 이에 대답할 때는 kommen 동사와 함께 전치사 aus[아우스]를 쓴다.

Ich komme aus Korea. [이히 콤메 아우스 코레아] 나는 한국 출신입니다.
Ich komme aus Deutschland. [이히 콤메 아우스 도이치란트] 나는 독일 출신입니다.
Ich komme aus Japan. [이히 콤메 아우스 야판] 나는 일본 출신입니다.

◆ 전치사 aus

전치사 aus는 3격 지배 전치사이다. 따라서 중성명사인 Korea, Japan, Deutschland는 문법적으로는 aus dem Korea, aus dem Japan이라고 써야 하지만, 나라 이름이 중성명사일 경우에는 정관사 das의 3격인 dem을 생략한다. 즉, aus dem Korea가 아닌 aus Korea, aus dem Japan이 아닌 aus Japan이라고 말한다.

그러나 국가명이 여성이거나 남성일 경우에는 정관사와 함께 사용한다. 예를 들면 여성명사인 Schweiz[슈바이츠], Türkei[튜르카이], Mongolei[몽골라이], Ukraine[우크라이너], Tschechoslowakei[체코슬로바카이]는 정관사 die의 3격 der를 사용하여 aus der Schweiz[아우스 데어 슈바이츠], aus der Türkei[아우스 데어 튜르카이]라고 쓴다.

국가명이 남성명사인 Iran[이란], Irak[이라크]는 정관사 der[데어]의 3격 dem[뎀]을 사용하여 aus dem Iran, aus dem Irak라고 쓴다.

또한, 국가명이 복수성일 경우에는 정관사 die의 3격 den을 사용하여 aus den ~라고 쓴다. aus den USA[아우스 덴 우에스아], aus den Niederlanden[아우스 덴 니덜란덴] 이라고 말한다.

		국가명	
중성명사	aus	Deutschland [도이치란트] 독일 SüdKorea [쥐트 코리아] 한국 China [히나] 중국 Spanien [쉬파니엔] 스페인	Frankreich [프랑크라이히] 프랑스 Italien [이탈리엔] 이탈리아 Japan [야판] 일본 England [엥글란트] 영국
남성명사	aus dem	Iran [이란] 이란 Kosovo [코소보] 코소보	Irak [이라크] 이라크
여성명사	aus der	Schweiz [쉬바이츠] 스위스 Mongolei [몽골라이] 몽고 Tschechoslowakei [체코슬로바카이] 체코슬로바키아	Türkei [튀르카이] 터키 Ukraine [우크라이너] 우크라이나
복수	aus den	Niederlande [니덜란데] 네덜란드	USA [우에스아] 미국

Ich komme aus Italien. [이히 콤메 아우스 이탈리엔]　저는 이탈리아 출신입니다.

Du kommst aus China. [두 콤스트 아우스 히나]　너는 중국 출신이다.

Er kommt aus dem Iran. [에어 콤트 아우스 뎀 이란]　그는 이란 출신이다.

Sie kommt aus der Schweiz. [지 콤트 아우스 데어 슈바이츠]　그녀는 스위스 출신이다.

Sie kommen aus den USA. [지 콤멘 아우스 덴 우에스아]　그들은 미국 출신들이다.

1 다음의 단어를 독일어로 쓰세요.

1. 이탈리아인   _ _ _ _ _ _ _ _ _ _ _ _ _ _ _ _ _ _ _

2. 스위스   _ _ _ _ _ _ _ _ _ _ _ _ _ _ _ _ _

3. 기뻐하다   _ _ _ _ _ _ _ _ _ _ _ _ _ _ _ _

4. 동료   _ _ _ _ _ _ _ _ _ _ _ _ _ _ _

5. 누구   _ _ _ _ _ _ _ _ _ _ _ _ _ _ _

2 빈칸에 알맞은 독일어를 쓰세요.

1. _ _ _ _ _ _ _ _ _ _ _ kommen Sie?   어디 출신이십니까?

2. Ich komme_ _ _ _ _ _ _ _ _ _ _ Türkei.   저는 터키에서 왔습니다.

3. _ _ _ _ _ _ _ _ _ _ mich, Sie kennenzulernen.   당신을 알게 되어서 반갑습니다.

4. Das ist _ _ _ _ _ _ _ _ _ Kollege.   이분은 나의 동료입니다.

5. _ _ _ _ _ _ _ _ _ _ sind Sie?   당신은 누구십니까?

정답

1 1. Italiener   2. Schweiz   3. freuen   4. Kollege   5. wer

2 1. Woher   2. aus der   3. Freut   4. mein   5. Wer

das Wohnzimmer 본침머 거실

Fenster 펜스터 ⓝ 창문

Vorhang 포어항 ⓜ 커튼

Sofa 조파 ⓝ 소파

Sessel 제셀 ⓜ 안락의자

Blumentopf 블루멘토프 ⓜ 화분

Radio 라디오 ⓝ 라디오

Fernseher 페른제어 ⓜ 텔레비전

Tisch 티쉬 ⓜ 탁자

Fernbedienung
페른베디눙 ⓕ 리모컨

Telefon 텔레폰 ⓝ 전화기

Vase 바제 ⓕ 꽃병

Ventilator 벤틸라토어 ⓜ 선풍기

Klimaanlage
클리마안라게 ⓕ 냉방기, 에어컨

Teppich 테피히 ⓜ 양탄자, 카펫

Tag 5 Woher kommen Sie?

A Sind Sie Japaner?
진트 지 야파너

B Nein, ich bin kein Japaner.
나인, 이히 빈 카인 야파너

A Sind Sie Chinese?
진트 지 히네저

B Nein, ich bin kein Chinese.
나인, 이히 빈 카인 히네제

Ich bin Koreaner.
이히 빈 코레아너

A : 당신은 일본 사람이십니까?
B : 아니요. 저는 일본 사람이 아닙니다.
A : 당신은 중국 사람이십니까?
B : 아니요. 저는 중국 사람이 아닙니다.
　　저는 한국 사람입니다.

 새 단어

Japaner 야파너 ⓜ 일본인	Chinese 히네저 ⓜ 중국인
nein 나인 아니, 아니요	Koreaner 코레아너 ⓜ 한국인
nicht 니히트 아니다, 않다	

해 설

◆ 국적 묻고 답하기

국적을 물어볼 때는 앞에서 배운 출신지, 고향을 묻는 표현 Woher kommen Sie?라는 표현을 쓰면 된다. 이번에는 국적을 나타내는 명사의 여성형과 남성형을 알아보자.

	국가명	사람 (남성 / 여성)
한국	Korea [코레아]	Koreaner / Koreanerin [코레아너 / 코레아너린]
독일	Deutschland [도이치란트]	Deutscher / Deutsche [도이처 / 도이체]
일본	Japan [야판]	Japaner / Japanerin [야파너 / 야파너린]
중국	China [히나]	Chinese / Chinesin [히네저 / 히네진]
러시아	Russland [루쓰란트]	Russe / Russin [루쎄 / 루진]
프랑스	Frankreich [프랑크라이히]	Franzose / Französin [프란최저 / 프란최진]
영국	England [앵글란트]	Engländer / Engländerin [앵글랜더 / 앵글랜더린]
미국	Amerika [아메리카]	Amerikaner / Amerikanerin [아메리카너 / 아메리카너린]
이탈리아	Italien [이탈리엔]	Italiener / Italienerin [이탈리에너 / 이탈리에너린]
스페인	Spanien [슈파니엔]	Spanier / Spanierin [슈파니어 / 슈파니에린]
오스트리아	Österreich [외스터라이히]	Österreicher / Österreicherin [외스터라이허 / 외스터라이허린]

Ich bin Koreaner. [이히 빈 코레아너]   나는 한국인입니다.

Du bist Deutscher. [두 비스트 도이쳐]   너는 독일인이다.

Er ist Japaner. [에어 이스트 야파너]   그는 일본인이다.

Sie ist Chinesin. [지 이스트 히네진]   그녀는 중국인이다.

Wir sind Spanier. [비어 진트 슈파니어]   우리는 스페인 사람이다.

◆ 의문문에 답하기

의문문에 대한 대답으로 긍정을 할 때에는 Ja [야] '네', 부정을 할 때에는 Nein [나인], '아니요'를 쓴다.

Sind Sie Japaner? [진트 지 야파너]   당신은 일본 사람입니까?

Ja, ich bin Japaner. [야 이히 빈 야파너]   예, 저는 일본 사람입니다.

Nein, ich bin nicht Japaner. [나인 이히 빈 니히트 야파너]

아니요, 저는 일본 사람이 아닙니다.

* nicht는 '아니다', '아니하다', '않다'라는 부정을 뜻하는 부사어이다. 문장 전체를 부정하는 부정문에서 nicht의 위치는 모든 부사구 중 맨 끝에 위치하고, 목적어 다음에 온다. 문장의 일부분을 부정할 때에는 부정하는 어구 바로 앞에 놓이기도 한다.

Ich arbeite heute nicht. [이히 아르바이테 호이테 니히트]   나는 오늘 일하지 않는다.

Wir fahren nicht heute, sondern morgen. [비어 파렌 니히트 호이테 존더른 모르겐]

우리는 오늘이 아니라 내일 떠난다.

응용 회화

A Wo wohnen Sie?

보 보넨 지

B Ich wohne in Deutschland.

이히 보네 인 도이치란트

A Sind Sie Deutscher?

진트 지 도이처

B Nein, ich bin Italiener.

나인, 이히 빈 이탈리에너

A Aber Sie sprechen sehr gut Deutsch.

아버 지 쉬프레헌 제어 굳 도이치

B Ah, ich bin in Deutschland geboren.

아 이히 빈 인 도이치란트 게보렌

A : 당신은 어디에 사십니까?

B : 나는 독일에서 살고 있습니다.

A : 당신은 독일 사람입니까?

B : 아니요, 저는 이탈리아 사람입니다.

A : 그런데 당신은 독일어를 참 잘하시네요.

B : 아, 저는 독일에서 태어났어요.

새 단어

wohnen 보넨 살다 (wohnen in ~에 살다)	aber 아버 그러나
Deutschland 도이치란트 독일	sprechen 쉬프레헌 말하다
Deutscher 도이처 ⓜ 독일인	Deutsch 도이취 독일어
Italiener 이탈리에너 ⓜ 이탈리아인	geboren 게보렌 태어난

해설

◆ **wohnen in**

'~에 살다'라는 표현이다. Ich wohne in Seoul.[이히 보네 인 서울]은 '나는 서울에 삽니다.'
로 전치사 in 다음에 거주지를 쓴다. 중성명사의 지역 이름이 올 때에는 정관사 없이 지역명
을 쓰고, Schweiz 같은 여성명사에서는 in der Schweiz[인 데어 슈바이츠]처럼 3격으로
정관사를 변화하여 쓴다.

Wo wohne Sie? [보 보넨 지]　당신은 어디에 사십니까?

Er wohnt in Korea. [에어 본트 인 코레아]　그는 한국에 삽니다.

Ich wohne in der Türkei. [이히 보네 인 데어 튜르카이]　나는 터키에 삽니다.

Ich wohne in dem Irak. [이히 보네 인 뎀 이라크]　나는 이라크에 삽니다.

Wir wohnen in den USA. [비어 보넨 인 덴 우에스아]　우리는 미국에 삽니다.

단수	ich	wohne [보네]	나는 ~에 살아
	du	wohnst [본스트]	너는 ~에 사는구나
	er/sie/es	wohnt [본트]	그/그녀/그것은 ~에 살아
복수	wir	wohnen [보넨]	우리는 ~에 살아
	ihr	wohnt [본트]	너희는 ~에 사는구나
	sie/Sie	wohnen [보넨]	그들/당신(들)은 ~에 사는구나

◆ **불규칙동사**

독일어의 동사는 인칭에 따라서 변한다. 그중 일부 동사는 2인칭과 3인칭 단수인 du와 er,
sie, es가 주어로 올 때에 어미뿐만 아니라 어간의 모음이 변하기도 한다.
sprechen[슈프레헨] 동사도 이에 해당한다. sprechen의 어미 −en은 동사의 인칭에 따
라 변하고, 어간의 모음 e 또한 i로 변한다. lesen[레젠], helfen[헬펜], essen[에센],
sehen[제엔], nehmen[네멘] 등도 어간의 모음 e가 i 혹은 ie로 변한다.

		sprechen [슈프레헨] 말하다	lesen [레젠] 읽다	helfen [헬펜] 돕다
단수	ich	spreche [쉬프레어]	lese [레제]	helfe [헬퍼]
	du	sprichst [쉬프리히스트]	liest [리스트]	hilfst [힐프스트]
	er/sie/es	spricht [쉬프리히트]	liest [리스트]	hilft [힐프트]
복수	wir	sprechen [쉬프레헨]	lesen [레젠]	helfen [헬펜]
	ihr	sprecht [쉬프레히트]	leset [레제트]	helft [헬프트]
	sie/Sie	sprechen [쉬프레헨]	lesen [레젠]	helfen [헬펜]

Ich spreche deutsch. [이히 쉬프레허 도이치] 나는 독일어를 말합니다.
Du sprichst deutsch. [두 슈프리히스트 도이치] 너는 독일어를 말한다.

Er liest viel. [에어 리스트 필] 그는 많이 읽는다.
Er hilft mir. [에어 힐프트 미어] 그는 나를 돕는다.

◆ '독일어를 조금 할 줄 안다'는 표현

'독일어를 조금 할 줄 안다'는 표현으로는 '조금의', '약간'의 뜻을 지닌 ein bisschen을 넣어 Ich spreche ein bisschen Deutsch. [이히 쉬프레허 아인 비스헨 도이치]라고 말한다.

Was sprechen Sie? [바스 쉬프레헨 지] 당신은 무슨 언어를 말하십니까?
Ich spreche ein bisschen Deutsch. [이히 쉬프레허 아인 비스헨 도이치]
나는 독일어를 조금 할 줄 압니다.
Ich spreche sehr gut Deutsch und ein bisschen Englisch.
[이히 쉬프레허 제어 굳 도이치 운트 아인 비스헨 엥글리쉬]
나는 독일어를 잘하고 약간의 영어도 말한다.

◆ geboren

'태어났다'라는 표현으로 geboren sein을 쓴다.

Ich bin in Seoul geboren. [이히 빈 인 서울 게보렌]   나는 서울에서 태어났다.
Er ist im Mai geboren. [에어 이스트 임 마이 게보렌]   그는 5월에 태어났다.

Hallo, Deutschland

독일인들은 **질서 의식**이 강하기로 유명하다. 'Alles in Ordnung'(알레스 인 오르트눙)은 독일인들이 즐겨쓰는 말이다. 이는 '모든 것이 질서정연하다'라는 뜻으로 모든 상황에서 '괜찮다'라는 의미로 쓸 수 있는 말이다. Ordnung '질서' 안에 있는 것을 좋아하는 독일인들의 질서 의식이 언어 습관에도 배어 있음을 엿볼 수 있다.

평가 테스트

🐌 **1** 다음 단어의 뜻을 써 보세요.

1. Koreaner   _____

2. Chinese   _____

3. Amerikaner   _____

4. wohnen   _____

5. sprechen   _____

🐌 **2** 다음을 독일어로 옮기세요.

1. 나는 독일 사람입니다.   _____

2. 당신은 어디에서 사십니까?   _____

3. 나는 독일에서 살고 있습니다.   _____

4. 나는 한국에서 태어났습니다.   _____

5. 나는 독일어를 잘합니다.   _____

1   1. 한국인   2. 중국인   3. 미국인   4. ~살다   5. 말하다

2   1. Ich bin Deutscher.   2. Wo wohnen Sie?   3. Ich wohne in Deutschland.

   4. Ich bin in Korea geboren.   5. Ich spreche gut Deutsch.

das Bad 바트 욕실

Klosett 클로제트 ⓝ 변기

Toilettenpapier
토일레텐파피어 ⓝ 화장지

Toilettenpapierhalter
토일레텐파피어할터 ⓜ 휴지걸이

Badewanne 바데반네 ⓕ 욕조

Badetuch 바데투흐 ⓝ 목욕 타월

Shampoo 샴푸 ⓕ 샴푸

Spiegel 슈피겔 ⓜ 거울

Waschbecken
바쉬벡켄 ⓝ 세면기

Zahnbürste 짠뷔르스테 ⓕ 칫솔

Zahnpasta 짠파스타 ⓕ 치약

Seife 자이페 ⓕ 비누

Handtuch 한트투흐 ⓝ 수건

Handtuchhalter
한트투흐할터 ⓜ 수건걸이

Haartrockner
하트로크너 ⓜ 헤어드라이어

Wer ist das?

기본 회화

A   Sonja! Ist das deine Familie?

존야! 이스트 다스 다이네 파밀리에

B   Ja. Das ist meine Familie.

야. 다스 이스트 마이네 파밀리에

Das sind meine Eltern.

다스 진트 마이네 엘턴

Das ist mein Vater.

다스 이스트 마인 파터

Das ist meine Mutter.

다스 이스트 마이네 무터

Das sind meine Geschwister.

다스 진트 마이네 게쉬비스터

Das ist mein Bruder.

다스 이스트 마인 브루더

Das ist meine Schwester.

다스 이스트 마이네 쉬베스터

A   Und wer ist das?

운트 베어 이스트 다스

B   Dieser Mann ist mein Onkel.

디저 만 이스트 마인 온켈

A : 존야! 이분들이 너의 가족이야?

B : 응. 내 가족이야.

이분들은 내 부모님이셔.

이분은 내 아버지이셔.

이분은 내 어머니이셔.

이들은 내 형제들이야.

이 사람이 내 오빠야.

이 사람은 내 언니야.

A : 그리고 이 사람은 누구야?

B : 이 남자는 내 삼촌이야.

새 단어

Familie 파밀리에 ⓕ 가족, 가정	**Schwester** 쉬베스터 ⓕ 자매
Vater 파터 ⓜ 아버지	**Geschwister** 게쉬비스터 ⓝ 형제, 자매
Mutter 무터 ⓕ 어머니	**dieser** 디저 이, 이사람
Eltern 엘턴 ⓟⓛ 부모님, 양친	**Mann** 만 ⓜ 남자, 사람
Bruder 브루더 ⓜ 남자 형제	**Onkel** 온켈 ⓜ 삼촌, 숙부

해설

◆ **의문문 만들기 1 – 의문사가 있을 경우**

첫째, 의문사를 사용하여 의문문을 만들 때에는 〈의문사＋동사＋주어＋목적어〉의 순으로 문장을 만든다. 의문사가 문장의 맨 앞, 동사의 앞에 오고, 주어는 동사 다음에 위치한다.

Was ist das? [바스 이스트 다스] 이것은 무엇입니까?
　의문사　동사　주어

Das ist ein Auto. [다스 이스트 아인 아우토] 이것은 자동차입니다.
　주어　동사

69

★ W-Frage [베 프라거] **의문사**

의문사	의문문
Wer 누구	Wer ist das? [베어 이스트 다스] 이분은 누구입니까? Das ist Frau Lee. [다스 이스트 프라우 리] 이분은 이 선생님이십니다.
Wann 언제	Wann kommen Sie? [반 콤멘 지] 당신은 언제 오십니까?
Wo 어디	Wo wohnt er? [보 본트 에어] 그는 어디에 삽니까?
Was 무엇	Was ist das? [바스 이스트 다스] 이것은 무엇입니까? Das ist ein Auto. [다스 이스트 아인 아우토] 이것은 자동차입니다.
Wie 어떻게	Wie geht es dir? [비 게트 에스 디어] 어떻게 지내니?
Warum 왜	Warum gehen Sie zur Post? [바룸 게엔 지 쭈어 포스트] 당신은 왜 우체국에 가십니까?

＊ 육하원칙 (누가, 언제, 어디서, 무엇을, 어떻게, 왜) 을 묻는 의문문을 W-Frage라고 한다.

◆ **das**

독일어에서 das는 관사와 대명사로 쓰임새가 나뉜다. 위 예문에서는 '이것', '이분'을 지칭하는 지시대명사로 쓰였다. 여기에서는 sein 동사와 함께하는 명사를 문장의 주어로 갖는 경우이다. 따라서 술어에 나오는 명사의 성이나 수와 상관없이 sein 동사 앞에 문장의 주어로써 das를 쓰고 sein 동사는 술어 명사의 성이나 수에 따라서 동사 변화를 한다.

Das bin ich. [다스 빈 이히] 이 사람이 나야.
Das ist mein Kind. [다스 이스트 마인 킨트] 이 아이는 나의 아이이다.
Das sind meine Eltern. [다스 진트 마이네 엘턴] 이분들은 나의 부모님이시다.

응용 회화

A Sonja! Wer ist das?
존야! 베어 이스트 다스

Ist das dein Bruder?
이스트 다스 다인 브루더

B Ja, das ist mein Bruder.
야, 다스 이스트 마인 브루더

A Wo wohnt er?
보 본트 에어

B Er wohnt in Seoul.
에어 본트 인 서울

A Ist er verheiratet?
이스트 에어 페어하이라테트

B Ja. Er ist mit meiner Freundin verheiratet.
야, 에어 이스트 미트 마이너 프로인딘 페어하이라테트

Er hat zwei Kinder.
에어 하트 츠바이 킨더

A : 존야! 이 사람은 누구야?

너희 오빠야?

B : 응, 나의 오빠야.

A : 그는 어디 살아?

B : 그는 서울에 살아.

A : 그는 결혼을 했어?

B : 응, 그는 내 친구와 결혼했어.

그는 아이가 두 명 있어.

새 단어

Bruder 브루더 ⓜ 남자 형제

wo 보 어디

wohnt 본트 ～에 살다 (기본형 wohnen)

er 에어 그, 그 남자

verheiratet 베어하이라테트 결혼한

mit 미트 ～함께, ～와 더불어 (3격 지배 전치사)

Freundin 프로인딘 ⓕ 여자 친구

hat 하트 가지다 (기본형 haben)

zwei 츠바이 숫자 2, 둘

Kind 킨트 ⓝ 아이, 어린이, 자식

해설

◆ 의문문 만들기 2 – 의문사가 없는 경우

의문사가 없는 의문문은 〈동사+주어+목적어〉의 어순이다. 즉 동사를 맨 앞에 놓으면 의문문이 된다.

Er hat zwei Kinder. [에어 하트 츠바이 킨더] 그는 두 명의 아이가 있다.
주어 동사 목적어

Hat er zwei Kinder? [하트 에어 츠바이 킨더] 그는 아이가 둘이니?
동사 주어 목적어

Haben Sie Bruder? [하벤 지 브루더] 형제가 있으십니까?

Isst du gern Fleisch? [이스트 두 게른 플라이쉬] 너는 고기를 잘 먹니?

◆ verheiratet

verheiratet는 '결혼한', '기혼인'의 뜻으로 mit Jm. verheiratet sein은 '～와 결혼한 상태이다'를 뜻한다. 전치사 mit 다음에는 항상 3격 목적어가 와야 한다. (Jm.= jemandem의 줄임말.)

Ich bin mit Peter verheiratet. [이히 빈 미트 페터 페어하이라테트] 나는 페터와 결혼했다.

Er ist mit meiner Tochter verheiratet. [에어 이스트 미트 마이너 토흐터 페어하이라테트]
그는 나의 딸과 결혼했다.

Ich bin ledig. [이히 빈 레디히] 나는 미혼이다.

Ich bin geschieden. [이히 빈 게쉬덴] 나는 이혼했다.

Ich bin verwitwet. [이히 빈 베어비트베트] 나는 사별했다.

◆ 소유관사

소유관사는 다음과 같이 인칭에 따라 변화한다.

	단수			복수		
1인칭	ich	mein [마인]	나의	wir	unser [운저]	우리의
2인칭	du	dein [다인]	너의	ihr Sie	euer [오이어] Ihr [이어]	너희의 당신들의
3인칭	er sie es	sein [자인] ihr [이어] sein [자인]	그의 그녀의 그것의	sie	ihr [이어]	그들의

소유관사 다음에는 명사가 오기 때문에 뒤에 오는 명사의 성과 격에 따라서 변화한다. 예를 들면, Mein Name ist Paul Müller.에서 Name은 남성이고 주격으로 쓰였기 때문에 Mein 뒤에 어미가 붙지 않지만, Meine Mutter ist schön.에서는 Mutter가 여성명사이고 주격으로 쓰였기 때문에 어미 –e가 붙는다.

소유관사 뒤에 오는 명사의 성과 격에 따른 어미 변화형은 다음과 같다.

	남성	중성	여성	복수
1격			-e	-e
2격	-es	-es	-er	-er
3격	-em	-em	-er	-en
4격	-en		-e	-e

★ 소유관사 mein의 성과 격에 따른 변화

	남성	중성	여성	복수
1격	mein Vater	mein Auto	meine Hand	meine Eltern
2격	meines Vaters	meines Autos	meiner Hand	meiner Eltern
3격	meinem Vater	meinem Auto	meiner Hand	meinen Eltern
4격	meinen Vater	mein Auto	meine Hand	meine Eltern

Das ist mein Ball. [다스 이스트 마인 발] 이것은 나의 공이다.

Peter ist sein Kind. [페터 이스트 자인 킨트] 페터는 그의 아이다.

Ihr Mann spricht mit meiner Mutter. [이어 만 쉬프리히트 미트 마이너 무터]
그녀의 남편은 나의 어머니와 이야기한다.

Ich komme mit meinen Eltern. [이히 콤메 미트 마이넨 엘턴]
나는 나의 부모님과 함께 온다.

Hallo. Deutschland

독일의 대표적인 음식은 **소시지**(Wurst)이다. 자투리 고기나 채소로 만들 수 있는 부어스트(소시지)는 과거에는 가난한 사람들이 먹던 음식이었으나 지금은 남녀노소 많은 사람들이 즐겨 먹는 독일의 대표 음식이 되었다. 독일의 각 지방마다 저마다의 부어스트가 있다. 베를린에서는 구운 부어스트에 케첩과 커리를 얹어 먹는 커리부어스트가 있고 뮌헨에서는 흰 소시지 바이스부어스트가 유명하다.

1 다음 단어의 우리말 뜻을 쓰세요.

1. Schwester _____

2. verheiratet _____

3. Fleisch _____

4. geschieden _____

5. Eltern _____

2 빈칸에 알맞은 독일어를 쓰세요.

1. _____ 이분이 나의 어머니이시다.

2. _____ 이것은 그의 자동차이다.

3. _____ 나는 미혼이다.

4. _____ 그녀는 나의 언니이다.

5. _____ 그는 그녀의 아들이다.

정답

1 1. 자매   2. 결혼한   3. 고기/살   4. 이혼한   5. 부모님

2 1. Das ist meine Mutter.   2. Das ist sein Auto.   3. Ich bin ledig.

    4. Sie ist meine Schwester.   5. Er ist ihr Sohn.

die Küche 퀴헤 주방

Küchentisch
퀴헨티쉬 ⓜ 조리대

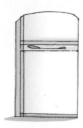

Kühlschrank
퀼쉬랑크 ⓜ 냉장고

Spülmaschine
쉬퓔마쉬너 ⓕ 식기세척기

Backofen
박오펜 ⓜ 오븐

Toaster
토스터 ⓜ 토스터

Mixer 믹서 ⓜ /
Rührgerät 뤼어게래트 ⓝ 믹서

Löffel
뢰펠 ⓜ 숟가락

Essstäbchen
에스스탭헨 ⓝ 젓가락

Gabel 가벨 ⓕ 포크
Messer 메써 ⓜ 칼, 나이프

Wasserkessel
바써케셀 ⓜ 주전자

Wassserkocher
바써코허 ⓜ 전기주전자*

Geschirr
게쉬르 ⓝ 그릇

Teller
텔러 ⓜ 접시

Pfanne

판너 (f) 프라이팬

Topf

토프 (m) 냄비

Schöpflöffel

쉐프뢰펠 (m) 국자

Becher

베허 (m) 컵, 머그컵

Glas

글라스 (n) 유리잔

Weinglas

바인글라스 (n) 와인잔

Schneidebrett

쉬나이데브레트 (n) /

Hackbrett 학브레트 (n) 도마

Gewürzglas

게뷰르쯔글라스 (n) 양념통

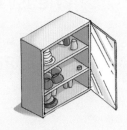

Geschirrschrank

게쉬르쉬랑크 (m) 찬장, 그릇장

Tag 7 Wo wohnen Sie?

기본 회화

A Sonja! Das ist Paul.

존야! 다스 이스트 파울

B Hallo! Ich bin Sonja. Wohnst du auch in Berlin?

할로우! 이히 빈 존야. 본스트 두 아우흐 인 벨린

C Ja, ich wohne in Berlin.

야, 이히 보네 인 벨린

A Paul wohnt in der Heinrich-Heine-Straße.

파울 본트 인 데어 하인리히 하이네 슈트라쎄

B Ach so! Wie ist deine Adresse?

아흐 조 비 이스트 다이네 아드레쎄

C 10179 Berlin, Heinrich-Heine Straße 17.

아인스-눌-아인스-지벤-노인 벨린, 하인리히 하이네 슈트라쎄 집첸

B Ich wohne auch in der Heinrich-Heine-Straße.

이히 보네 아우흐 인 데어 하인리히-하이네-슈트라쎄

Wie ist deine Telefonnummer?

비 이스트 다이네 텔레폰눔머

C 0176 789746.

눌-아인스-지벤-젝스-지벤-아흐트-노인-지벤-피어-젝스

A : 존야! 이쪽은 파울이야.

B : 안녕! 나는 존야야. 너도 베를린에 사니?

C : 응, 나는 베를린에 살아.

A : 파울은 하인리히-하이네 거리에 살아.

B : 아, 그래! 주소가 어떻게 되는데?

C : 10179 베를린, 하인리히-하이네 거리 17번지.

B : 나도 역시 하인리히-하이네 거리에 살아.
  네 전화번호는 어떻게 돼?

C : 0176 789746

새 단어

wohnen 보넨 살다, 거주하다	Ach so! 아흐 조 그렇구나
auch 아우흐 ～도, 역시, 또한	dein(e) 다이네 너의
in 인 ～에서	Adresse 아드레쎄 ⓕ 주소, 발신처
Straße 슈트라쎄 ⓕ 거리, 도로, 길	Telefonnummer 텔레폰눔머 ⓕ 전화번호

해 설

◆ 친구나 가족을 소개할 때

das ist ～ 을 쓴다.

Das ist Paul. [다스 이스트 파울]   이쪽은 파울이야.

Das sind meine Eltern. [다스 진트 마이네 엘터른]   이분들은 나의 부모님이다.

＊부모님은 아버지, 어머니 두 분이기 때문에 sein 동사의 복수형 sind 를 쓴다.

◆ **Wohnst du auch in Berlin?**

이 문장에서 wohnen은 '살다', '거주하다'를 뜻한다. 주어가 2인칭 단수형인 du이므로 wohn- 어간에 어미 –st가 붙었다.

in은 '~에서'라는 뜻의 전치사이고 auch는 '역시', '또한'을 뜻하는 부사이다.

mir auch[미어 아우흐]는 '나도 역시'라는 영어의 me too와 같은 의미이다.

규칙동사 wohnen '살다'		
단수	ich	wohne [보너]
	du	wohnst [본스트]
	er/sie/es	wohnt [본트]
복수	wir	wohnen [보넨]
	ihr	wohnt [본트]
	sie/Sie	wohnen [보넨]

결정의문문에서는 평서문에서 〈주어＋동사〉의 어순이 〈동사＋주어〉의 어순으로 바뀐다.

Du wohnst in Berlin. 〈평서문〉
주어　　동사

Wohnst du in Berlin. 〈결정의문문〉
　　동사　　주어

대답은 ja[야] '네' 혹은 nein[나인] '아니요'로 시작한다.

Ja, ich wohne in Berlin. [야 이히 보네 인 벨린]　네, 저는 베를린에 삽니다.
Nein, ich wohne nicht in Berlin. [나인 이히 보네 니히트 인 벨린]
아니요, 저는 베를린에 살지 않습니다.

Paul wohnt in der Heinrich-Heine-Straße.의 문장에서 wohnt는 주어가 3인칭 단수이므로 wohn- 어간에 어미 –t가 붙었다. in은 이 문장에서 3격 전치사이기 때문에 명사 Straße의 성에 따라서 다음에 오는 관사가 변화한다. 따라서 여기에서는 Straße가 여성명사이고 3격 지배를 받음으로 정관사 der가 온다.

성에 따른 1격과 3격의 관사 변화

	남성	중성	여성	복수
1격	der	das	die	die
3격	dem	dem	der	den

◆ 전화번호나 주소, 이름 묻기

wie ist~를 쓴다.

Wie ist Ihr Name? [비 이스트 이어 나머]   이름이 무엇입니까?

Wie ist Ihre Adresse? [비 이스트 이어레 아트레쎄]   주소가 무엇입니까?

Wie ist Ihre Telefonnummer? [비 이스트 이어레 텔레폰눔머]   전화번호가 무엇입니까?

◆ 숫자

▶ 먼저 1~12까지의 형태를 익히고, 10단위 변화와 100, 1000과 같은 큰 수를 익히면 쉽게 말할 수 있다.

1	eins [아인스]	5	fünf [퓐프]	9	neun [노인]
2	zwei [츠바이]	6	sechs [젝스]	10	zehn [첸]
3	drei [드라이]	7	sieben [지벤]	11	elf [엘프]
4	vier [피어]	8	acht [아흐트]	12	zwölf [츠뵐프]

▶ 13~19까지는 3부터 9에 –zehn을 붙인다. 즉 13은 drei에 –zehn을 붙여 dreizehn 이다. 그러나 16과 17은 sechs의 –s와 sieben의 –en을 생략하고 zehn을 붙이는 것에 유의한다.

13	dreizehn [드라이첸]	16	sechzehn [제히첸]	19	neunzehn [노인첸]
14	vierzehn [피어첸]	17	siebzehn [집첸]		
15	fünfzehn [퓐프첸]	18	achtzehn [아흐첸]		

▶ 십단위의 수는 −zig 가 붙는다. 단, 30에서는 βig 가 붙는다.

20	zwanzig [츠반치히]	60	sechzig [제히치히]
30	dreißig [드라이씨히]	70	siebzig [집치히]
40	vierzig [피어치히]	80	achtzig [아흐치히]
50	fünfzig [퓐프치히]	90	neunzig [노인치히]

▶ 두자리 숫자를 읽을 때는 일의 자릿수를 먼저 읽은 다음 und [운트] 를 쓰고 십의 자릿수를 읽어준다. 예를 들면 21은 einundzwanzig [아인운트츠반치히] 이다. 1에 해당하는 ein 이 먼저 오고 und 다음에 십의 자리 zwanzig 를 쓴다. 즉, 일 그리고 이십이 된다.

21	einundzwanzig [아인운트츠반치히]	26	sechsundzwanzig [젝스운트츠반치히]
22	zweiundzwanzig [츠바이운트츠반치히]	27	siebenundzwanzig [지벤운트츠반치히]
23	dreiundzwanzig [드라이운트츠반치히]	28	achtundzwanzig [아흐트운트츠반치히]
24	vierundzwanzig [피어운트츠반치히]	29	neunundzwanzig [노인운트츠반치히]
25	fünfundzwanzig [퓐프운트츠반치히]	30	dreißig [드라이씨히]

▶ 큰 수

100	einhundert [아인훈데르트]	1000000	eine Million [아이네밀리온]
1000	eintausend [아인타우젠트]	10000000	zehn Millonen [첸밀리온]
10000	zehntausend [첸타우젠트]	100000000	eine Milliarde [아이네밀리아르데]
100000	einhunderttausend [아인훈데르트타우젠트]		

응용 회화

A   Wie alt bist du?
비 알트 비스트 두

B   Ich bin 25 Jahre alt.
아히 빈 퓐프운트츠반치히 야레 알트

A   Wo bist du geboren?
보 비스트 두 게보렌

B   Ich bin in der Schweiz geboren.
이히 빈 인 데어 슈바이츠 게보렌

Meine Eltern leben noch in der Schweiz.
마인 엘턴 레벤 노흐 인 데어 슈바이츠

A   Was studierst du?
바스 스튜디얼스트 두

B   Ich studiere Germanistik.
이히 스튜디레 게르마니스틱

A : 너는 나이가 몇 살이야?

B : 나는 25살이야.

A : 너는 어디에서 태어났어?

B : 나는 스위스에서 태어났어.

　　나의 부모님은 아직 스위스에 살고 계셔.

A : 전공이 뭐야?

B : 나는 독문학을 전공해.

Jahr 야 ⑪ 일년, 나이, ∼살

leben 레벤 살다, 생존하다, 살아가다, 거주하다

noch 노흐 아직도, 여전히, 겨우, ∼도

studieren 스튜디렌 공부하다

Germanistik 게르마니스틱 ⑤ 독어독문학

해설

◆ 나이 묻고 답하기

Wie alt bist du?는 나이를 묻는 표현이다. alt는 '나이 든', '늙은'의 뜻으로 wie alt∼는 얼마나 나이가 들었는지를 묻는 것이다. 대답할 때는 Jahre alt를 사용한다.

Wie alt bist du? [비 알트 비스트 두]   너는 몇 살이야?

Wie alt sind Sie? [비 알트 진트 지]   당신은 연세가 어떻게 되십니까?

Ich bin fünfzig jahre alt. [이히 빈 퓐프치히 야레 알트]   저는 쉰 살입니다.

◆ Was studierst du?

상대에게 대학에서 전공하는 과목이 무엇인지 물을 때 쓰는 표현이다. studieren은 '연구하다', '대학에서 배우다'라는 뜻이다.

Lernst du deutsch? [레른스트 두 도이치] '너는 독일어를 배우니?'에서처럼, 일반적으로 쓰는 '배우다'라는 동사는 lernen [레르넨]을 쓴다.

1 다음 단어의 우리말 뜻을 쓰세요.

1. Straße _____

2. Telefonnummer _____

3. leben _____

4. studieren _____

5. Germanistik _____

2 다음을 독일어로 옮기세요.

1. 너는 어디에 사니? _____

2. 네 전화번호가 뭐니? _____

3. 당신의 주소가 어떻게 되십니까? _____

4. 당신은 무엇을 전공하십니까? _____

5. 너는 몇 살이니? _____

정답

1 1. 거리   2. 전화번호   3. 살다, 거주하다   4. 공부하다   5. 독어독문학

2 1. Wo wohnst du?   2. Wie ist deine Telefonnummer?

3. Wie ist Ihre Adresse?   4. Was studieren Sie?   5. Wie alt bist du?

die Zahl 찰 숫자

1	2	3	4	5
eins	zwei	drei	vier	fünf
[아인스]	[츠바이]	[드라이]	[피어]	[퓐프]
11	**12**	**13**	**14**	**15**
elf	zwölf	dreizehn	vierzehn	fünfzehn
[엘프]	[츠뵐프]	[드라이챈]	[피어챈]	[퓐프챈]
21	**22**	**23**	**24**	**25**
einundzwanzig	zweiundzwanzig	dreiundzwanzig	vierundzwanzig	fünfundzwanzig
[아인운트츠반치히]	[츠바이운트츠반치히]	[드라이운트츠반치히]	[피어운트츠반치히]	[퓐프운트츠반치히]
31	**32**	**33**	**34**	**35**
einunddreißig	zweiunddreißig	dreiunddreißig	vierunddreißig	fünfunddreißig
[아인운트드라이씨히]	[쯔바이운트드라이씨히]	[드라이운트드라이씨히]	[피어운트드라이씨히]	[퓐프운트드라이씨히]
41	**42**	**43**	**44**	**45**
einundvierzig	zweiundvierzig	dreiundvierzig	vierundvierzig	fünfundvierzig
[아인운트피어치히]	[쯔바이운트피어치히]	[드라이운트피어치히]	[피어운트피어치히]	[퓐프운트피어치히]
51	**52**	**53**	**54**	**55**
einundfünfzig	zweiundfünfzig	dreiundfünfzig	vierundfünfzig	fünfundfünfzig
[아인운트퓐프치히]	[쯔바이운트퓐프치히]	[드라이운트퓐프치히]	[피어운트퓐프치히]	[퓐프운트퓐프치히]
61	**62**	**63**	**64**	**65**
einundsechzig	zweiundsechzig	dreiundsechzig	vierundsechzig	fünfundsechzig
[아인운트제히치히]	[쯔바이운트제히치히]	[드라이운트제히치히]	[피어운트제히치히]	[퓐프운트제히치히]
71	**72**	**73**	**74**	**75**
einundsiebzig	zweiundsiebzig	dreiundsiebzig	vierundsiebzig	fünfundsiebzig
[아인운트집치히]	[쯔바이운트집치히]	[드라이운트집치히]	[피어운트집치히]	[퓐프운트집치히]
81	**82**	**83**	**84**	**85**
einundachtzig	zweiundachtzig	dreiundachtzig	vierundachtzig	fünfundachtzig
[아인운트아흐치히]	[쯔바이운트아흐치히]	[드라이운트아흐치히]	[피어운트아흐치히]	[퓐프운트아흐치히]
91	**92**	**93**	**94**	**95**
einundneunzig	zweiundneunzig	dreiundneunzig	vierundneunzig	fünfundneunzig
[아인운트노인치히]	[쯔바이운트노인치히]	[드라이운트노인치히]	[피어운트노인치히]	[퓐프운트노인치히]

6	7	8	9	10
sechs	sieben	acht	neun	zehn
[젝스]	[지벤]	[아흐트]	[노인]	[첸]
16	17	18	19	20
sechzehn	siebzehn	achtzehn	neunzehn	zwanzig
[제히첸]	[집첸]	[아흐첸]	[노인첸]	[츠반치히]
26	27	28	29	30
sechsundzwanzig	siebenundzwanzig	achtundzwanzig	neunundzwanzig	dreißig
[젝스운트츠반치히]	[지벤운트츠반치히]	[아흐트운트츠반치히]	[노인운트츠반치히]	[드라이씨히]
36	37	38	39	40
sechsunddreißig	siebenunddreißig	achtunddreißig	neununddreißig	vierzig
[젝스운트드라이씨히]	[지벤운트드라이씨히]	[아흐트운트드라이씨히]	[노인운트드라이씨히]	[피어치히]
46	47	48	49	50
sechsundvierzig	siebenundvierzig	achtundvierzig	neunundvierzig	fünfzig
[젝스운트피어치히]	[지벤운트피어치히]	[아흐트운트피어치히]	[노인운트피어치히]	[퓐프치히]
56	57	58	59	60
sechsundfünfzig	siebenundfünfzig	achtundfünfzig	neunundfünfzig	sechzig
[젝스운트퓐프치히]	[지벤운트퓐프치히]	[아흐트운트퓐프치히]	[노인운트퓐프치히]	[제히치히]
66	67	68	69	70
sechsundsechzig	siebenundsechzig	achtundsechzig	neunundsechzig	siebzig
[젝스운트제히치히]	[지벤운트제히치히]	[아흐트운트제히치히]	[노인운트제히치히]	[집치히]
76	77	78	79	80
sechsundsiebzig	siebenundsiebzig	achtundsiebzig	neunundsiebzig	achtzig
[젝스운트집치히]	[지벤운트집치히]	[아흐트운트집치히]	[노인운트집치히]	[아흐치히]
86	87	88	89	90
sechsundachtzig	siebenundachtzig	achtundachtzig	neunundachtzig	neunzig
[젝스운트아흐치히]	[지벤운트아흐치히]	[아흐트운트아흐치히]	[노인운트아흐치히]	[노인치히]
96	97	98	99	100
sechsundneunzig	siebenundneunzig	achtundneunzig	neunundneunzig	hundert
[젝스운트노인치히]	[지벤운트노인치히]	[아흐트운트노인치히]	[노인운트노인치히]	[훈데르트]

Ich habe ein Auto

기본 회화

A Hast du ein Auto?

하스트 두 아인 아우토

B Ja, ich habe ein Auto.

야, 이히 하베 아인 아우토

A Ist das groß?

이스트 다스 그로쓰

B Nein, das ist nicht groß.

나인, 다스 이스트 니히트 그로스

Das ist klein.

다스 이스트 클라인

A Welche Farbe ist das?

벨헤 파르베 이스트 다스

B Das ist rot.

다스 이스트 로트

A : 너는 자동차를 가지고 있니?

B : 응, 나는 자동차가 있어.

A : 그것은 크니?

B : 아니, 그것은 크지 않아.

그것은 작아.

A : 그것은 무슨 색이야?

B : 그것은 빨간색이야.

새 단어

Auto 아우토 ⓝ 자동차

haben 하벤 가지다, 소유하다

groß 그로쓰 큰

klein 클라인 작은

welche 벨히 어느

Farbe 파르베 색깔

rot 로트 붉은, 빨간

◆ **Hast du ein Auto?**

hast는 '가지고 있다'라는 haben 동사의 2인칭 단수형이다. haben 동사는 일반적인 동사의 인칭에 따른 변화를 따르지 않는다. 즉, 불규칙동사이므로 ich, du, er, sie, es가 주어일 때에는 주의해서 사용해야 한다.

haben 동사의 인칭에 따른 변화 형태는 아래와 같다.

불규칙 동사 haben '~을 가지고 있다.'						
단수	ich	habe [하베]	복수	wir	haben [하벤]
	du	hast [하스트]		ihr	habt [합트]
	er/sie/es	hat [하트]		Sie/sie	haben [하벤]

Ich habe ein Auto. [이히 하베 아인 아우토]   나는 자동차를 가지고 있다.
Du hast ein Auto. [두 하스트 아인 아우토]   너는 자동차를 가지고 있다.
Er hat ein Auto. [에어 하트 아인 아우토]   그는 자동차를 가지고 있다.

Wir haben ein Auto. [비어 하벤 아인 아우토]   우리는 자동차를 가지고 있다.
Ihr habt ein Auto. [이어 합트 아인 아우토]   너희는 자동차를 가지고 있다.
Sie haben ein Auto. [지 하벤 아인 아우토]   그들은 자동차를 가지고 있다.

◆ **Ich habe ein Auto.**

habe는 haben 동사의 1인칭 단수형이다. ein은 명사 앞에 오는 관사로 영어의 a, an에 해당한다. 그러나 영어와는 다르게 독일어에서는 명사의 성과 격에 따라서 부정관사의 형태가 변화한다. 이 문장에서는 Auto가 중성 명사이고, 목적격이기 때문에 부정관사 ein의 형태로 쓰였다.

부정관사의 성에 따른 격변화 형태는 다음과 같다. 그리고 ein은 '하나'를 뜻하므로 복수형은 없다.

부정관사 ein (4격)			
	남성	중성	여성	복수
1격	ein [아인]	ein [아인]	eine [아이네]	×
2격	eines [아이네스]	eines [아이네스]	einer [아이너]	×
3격	einem [아이넴]	einem [아이넴]	einer [아이너]	×
4격	einen [아이넨]	ein [아인]	eine [아이네]	×

Sie hat ein Auto. [지 하트 아인 아우토]   그녀는 자동차를 가지고 있다.

Ich habe einen Bruder. [이히 하베 아이넨 브루더]   나는 남동생이 하나 있다.

Wir haben eine Tochter. [비어 하벤 아이네 토흐터]   우리는 딸이 하나 있다.

◆ klein, groß

klein, groß 는 형용사이다. 〈sein 동사 + 형용사〉의 형태로 쓰이면 '크다', '작다'의 의미가 된다.

형용사

neu [노이]	새로운	◄──►	alt [알트]	낡은
breit [브라이트]	넓은	◄──►	schmal [쉬말]	좁은
billig [빌리히]	싼, 저렴한	◄──►	teuer [토이어]	비싼
hell [헬]	밝은	◄──►	dunkel [둔켈]	어두운
groß [그로쓰]	큰, 커다란	◄──►	klein [클라인]	작은
jung [융]	젊은, 어린	◄──►	alt [알트]	늙은

Das Auto ist billig. [다스 아우토 이스트 빌리히]   이 자동차는 싸다.

Die Straße ist schmal. [디 슈트라쎄 이스트 쉬말]   그 길은 좁다.

◆ Welche Farbe ist das?

'그것은 무슨 색입니까?'라는 뜻으로, 색깔을 물을 때 쓰는 표현이다. 여기서 welch 는 '어느, 어떤'의 뜻을 갖는 의문대명사이다. Farbe 가 여성명사이므로 welch 에 -e 가 붙었다.

색깔

weiß [바이쓰]	하얀색	schwarz [쉬바르츠]	검정색	rot [로트]	빨간색
gelb [겔프]	노란색	blau [블라우]	파란색	grün [그륀]	초록색
grau [그라우]	회색	braun [브라운]	갈색		

응용 회화

A   Mein Haus ist schmal.
    마인 하우스 이스트 쉬말

B   Ist dein Haus nicht so schön?
    이스트 다인 하우스 니히트 조 쇤

A   Doch, mein Haus ist schmal aber schön.
    도흐, 마인 하우스 이스트 쉬말 아버 쇤

    Der Garten ist sehr schön.
    더어 가르텐 이스트 제어 쇤

    Mein Haus gefällt mir sehr gut.
    마인 하우스 게펠트 미어 제어 굴

A : 나의 집은 좁아.
B : 너희 집은 멋지지 않니?
A : 아니, 좁지만 멋져.
    정원이 정말 아름다워.
    나는 나의 집이 마음에 들어.

새 단어

schmal 쉬말 좁은, 여윈	Garten 가르텐 ⓜ 정원, 뜰
Haus 하우스 ⓝ 집, 주택	sehr 제어 아주, 몹시
schön 쇤 아름다운, 멋진, 좋은	gefallen 게팔렌 누구의 마음에 들다
aber 아버 그러나, 하지만	mir 미어 나에게

◆ **Mein Haus ist schmal**

이 문장에서 mein은 소유관사이다. Haus가 중성명사이고 주격이므로 mein으로 쓴다. schmal은 '좁은'의 뜻으로 '나의 집은 좁다.'로 해석된다.

◆ **부정의문문**

긍정으로 물었을 때(긍정의문문) 긍정의 대답이면 ja로 대답하고, 부정적인 대답일 때는 nein으로 답한다. 그러나 부정으로 물어보는 결정의문문에서 긍정 대답일 때는 ja 대신 doch를 쓰고 부정이면 nein을 쓴다.

> A : Ist dein Haus nicht schön? [이스트 다인 하우스 니히트 쇤]   너의 집은 멋지지 않니?
> B : Doch, mein Haus ist schön. [도흐 마인 하우스 이스트 쇤]
>   천만에, 나의 집은 멋져. 〈질문을 부정〉
>   Nein, mein Haus ist nicht schön. [나인 마인 하우스 이스트 니히트 쇤]
>   응, 나의 집은 멋지지 않아. 〈질문을 긍정〉

> A : Haben Sie kein Kind? [하벤 지 카인 킨트]   당신은 아이가 없으세요?
> B : Doch, ich habe ein Kind. [도흐 이히 하베 아인 킨트]
>   천만에요, 저는 아이 하나가 있어요. 〈질문을 부정〉
>   Nein, ich habe kein Kind. [나인 이히 하베 카인 킨트]
>   네, 저는 아이가 없어요. 〈질문을 긍정〉

◆ **Mein Haus gefällt mir gut.**

동사 gefallen은 '누구의 마음에 들다'라는 뜻으로 '누구의'는 우리말과 다르게 항상 3격으로 사용한다. 예를 들어 '그것이 너의 마음에 든다.'라는 표현은 Es gefällt dir gut.이다.

> Seine Wohnung gefällt ihm gut. [자이네 보눙 게펠트 임 굳]   그의 집이 그의 마음에 든다.
> Es gefällt ihr gut. [에스 케펠트 이어 굳]   그것이 그녀의 마음에 든다.
> Gefällt Ihnen die Wohnung? [게펠트 이넨 디 보눙]   그 집이 당신의 마음에 드십니까?

1 다음 단어의 우리말 뜻을 쓰세요.

1. haben _____

2. gefallen _____

3. rot _____

4. schmal _____

5. teuer _____

2 빈칸에 알맞은 독일어를 쓰세요.

1. _____ Ihnen die Wohnung?　　이 집이 당신의 마음에 드십니까?

2. _____ Farbe ist das?　　이것은 무슨 색입니까?

3. Mein Auto ist _____　　나의 자동차는 작다.

4. Mein Haus ist _____　　나의 집은 멋지다.

5. _____ ich habe ein Kind.　　천만에요. 저는 아이가 하나 있어요.

정답

1 1. 가지다　　2. 누구의 마음에 들다　　3. 빨간　　4. 좁은　　5. 값비싼

2 1. Gefällt　　2. Welche　　3. klein　　4. schön　　5. Doch

93

die Kleidung 클라이둥 옷

Hemd

햄트 ⓝ 셔츠

Bluse 블루제

ⓕ 블라우스

Pullover

풀로버 ⓜ 스웨터

Rock

록 ⓜ 치마

Hose

호제 ⓕ 바지

Kleid 클라이트

ⓝ 드레스, 원피스

Mantel

만텔 ⓜ 외투

Jacke 야케 ⓕ 재킷

Weste 베스테 ⓕ 조끼

Schlafanzug
쉴라프안쭉 *(m)* 잠옷

Badeanzug
바데안쭉 *(m)* 수영복

Socke 족케 *(f)* /
Socken 족켄 *(pl)* 양말

Unterhose
운터호제 *(f)* 속바지, 팬티

Schal
샬 *(m)* 목도리

Schuh 쉬 *(m)* /
Schuhe 쉬어 *(pl)* 신발

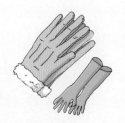

Handschuh 한트쉬 *(m)* /
Handschuhe 한트쉬어 *(pl)* 장갑

Gürtel 귀어텔
(m) 허리띠, 벨트

Krawatte
크라바테 *(f)* 넥타이

Wie viel kostet das?

기본 회화

A Guten Tag! Kann ich Ihnen helfen?

구텐 탁! 칸 이히 이넨 헬펜

B Ja, ich brauche Rindfleisch. Haben Sie Rindfleisch?

야, 이히 브라우에 린트플라이쉬 하벤 지 린트플라이쉬

A Ja, natürlich. Wie viel möchten Sie?

야, 나튜어리히 비 필 뫼히텐 지

B Ich brauche ein Kilo Rindfleisch.

이히 브라우에 아인 킬로 린트플라이쉬

A Gerne, möchten Sie noch etwas?

게르네, 뫼히텐 지 노흐 에트바스

B Nein, danke. Das ist alles.

나인, 당케 다스 이스트 알레스

Wie viel kostet das?

비 필 코스테트 다스?

A Ein Kilo kostet zwei Euro.

아인 킬로 코스테트 쯔바이 오이로

B Hier sind fünf Euro.

히어 진트 퓐프 오이로

A Danke. zwei Euro, drei, vier, fünf.

당케. 쯔바이 오이로, 드라이, 피어, 퓐프

A : 안녕하세요! 무엇을 도와드릴까요?

B : 네, 저는 소고기가 필요해요. 소고기 있나요?

A : 네, 그럼요. 얼마나 원하세요?

B : 나는 소고기 1킬로그램이 필요해요.

A : 좋아요. 더 원하시는 것이 있으세요?

B : 아니요. 감사해요. 그게 다예요.

　　얼마예요?

A : 1킬로그램은 2유로예요.

B : 여기 5유로 있어요.

A : 감사합니다. 2유로 3, 4, 5.

새 단어

können 쾬넨 할 수 있다	gerne 게르네 기꺼이
helfen 헬펜 돕다	etwas 에트바스 무엇, 어떤 것
brauchen 브라우헨 필요로 하다, 사용하다	nein 나인 아닌, 아니요
Rindfleisch 린트플라이쉬 ⓝ 소고기	alles 알레스 모두
natürlich 나튜어리히 당연한, 저절로	Euro 오이로 유로
viel 필 많은	drei 드라이 3
möchten 뫼히텐 ～하고 싶다	vier 피어 4
Kilo 킬로 킬로그램	fünf 퓐프 5
kosten 코스텐 값이 ～이다, 돈이 들다	

해설

◆ Kann ich Ihnen helfen?

'무엇을 도와드릴까요?'라는 뜻으로, 주로 상점에서 손님에게 사용한다. kann의 동사원형은 können으로 '～할 수 있다'라는 뜻이다. 이 동사는 주어의 의지를 나타내는 화법조동사로 주어의 인칭에 따라서 불규칙적으로 변화한다.

화법조동사 können '~할 수 있다'					
단수	ich	kann [칸]	복수	wir	können [쾬넨]
	du	kannst [칸스트]		ihr	könnt [쾬트]
	er/sie/es	kann [칸]		Sie/sie	können [쾬넨]

Er kann Ihnen helfen. [에어 칸 이넨 헬펜]　그는 당신을 도울 수 있습니다.

Wir können Ihnen helfen. [비어 쾬넨 이넨 헬펜]　우리는 당신을 도울 수 있습니다.

Ihr könnt mir helfen. [이어 쾬트 미어 헬펜]　너희는 나를 도울 수 있다.

화법조동사는 동사의 의미를 보조하는 역할을 하기 때문에 일반적으로 동사가 하나 더 필요하다. 이 동사는 문장의 맨 끝에 위치한다. 예를 들면 Ich kann Ihnen helfen.에서 kann은 화법조동사이고 helfen은 '돕다'를 뜻하는 제2동사이다. 따라서 동사 helfen은 문장의 맨 끝에 위치하고 있다. 이 제2동사는 언제나 동사원형으로 쓴다.

Ich helfe Ihnen. [이히 헬페 이넨]　나는 당신을 돕는다.

Ich kann Ihnen helfen. [이히 칸 이넨 헬펜]　나는 당신을 도울 수 있다.

◆ helfen

helfen 동사는 3격 목적어를 갖는다. 우리말 문법에서는 '당신을 돕다'라고 할 때 '당신을'이라는 4격이 오기 때문에 독일어에서도 우리말처럼 Sie를 사용하는 실수를 범하는 경우가 흔히 있다. 하지만 독일어에서는 3격인 Ihnen으로 써야 한다.

Ich kann dich helfen. [이히 칸 디히 헬펜]　(×)

Ich kann dir helfen. [이히 칸 디어 헬펜]　(○) 나는 너를 돕는다.

◆ Wie viele möchten Sie?

이 문장에서 wie viele는 '얼마나'라는 뜻이다. 의문사 wie 뒤에 형용사를 넣으면 '얼마나'라는 뜻이 된다. möchten은 '~하고 싶다'는 소망, 희망을 나타내고 제2동사는 동사원형으로 맨 끝에 위치한다. möchten 동사의 인칭에 따른 동사변화는 다음과 같다.

화법조동사 möchten '~하고 싶다'					
단수	ich	möchte [뫼히테]	복수	wir	möchten [뫼히텐]
	du	möchtest [뫼히테스트]		ihr	möchtet [뫼히테트]
	er/sie/es	möchte [뫼히테]		Sie/sie	möchten [뫼히텐]

Ich möchte eine Suppe bestellen. [이히 뫼히테 아이네 쥬페 베스텔렌]
나는 수프를 주문하고 싶다.

Du möchtes Sonja kennenlernen. [두 뫼히테스트 존야 켄넨레르넨]
너는 존야를 알고 싶어한다.

Wir möchten einen Kuchen backen. [비어 뫼히텐 아이넨 쿠헨 박켄]
우리는 케이크를 굽고 싶다.

◆ **Möchten Sie noch etwas?**

상점이나 식당에서 자주 쓰이는 표현이다. 손님에게 더 사고 싶은 것이 없는지 물어볼 때, 식당에서 손님에게 더 주문할 음식이 있는지 물어볼 때에도 사용한다. 구어체에서는 sonst noch etwas? [존스트 노흐 에트바스] '그 밖에 더 있나요?'라고 말하기도 한다.

◆ **Das ist alles.**

상점이나 식당에서 종업원이 손님에게 더 필요한 것이 있는지 물을 때 필요한 것이 없으면 Das ist alles.라고 말한다.

◆ **독일식 계산법**

유럽 화폐에서 지폐는 5유로, 10유로, 20유로, 50유로, 100유로 등이 있다. 위 대화의 마지막에 손님은 5유로를 지불했다. 그래서 점원이 3유로를 거스름돈으로 주게 되는데, 그 계산법이 재미있다.

우리는 보통 암산으로 계산해서 손님에게 3유로를 거슬러주지만, 독일에서는 물건값 2유로에 3, 4, 5 숫자를 더해서 처음 받은 돈 5유로를 맞추는 방식으로 계산을 한다. 그래서 점원은 zwei Euro, drei, vier, fünf라고 말하며 물건값과 거스름돈을 합하여 5유로를 만든 후에 3유로를 거스름돈으로 내어준 것이다.

응용 회화

A   Haben Sie schon gewählt?

하벤 지 숀 게밸트

B   Ich nehme ein Steak mit Salat.

이히 네메 아인 스테이크 미트 잘라트

A   Sehr gerne. Was möchten Sie trinken?

제어 게르네. 바스 뫼히텐 지 트린켄

B   Ein Glas Wasser bitte !

아인 글라스 바써 비테

- - - - - - - - - - - - - - - - - - - -

A   Wie schmeckt es Ihnen?

비 쉬멕트 에스 이넨

B   Es schmeckt sehr lecker.

에스 쉬멕트 제어 렉커

A : 주문하시겠어요?

B : 스테이크와 샐러드로 주문할게요.

A : 네, 기꺼이요. 음료는 무엇으로 하시겠습니까?

B : 물 한 잔 주세요.

- - - - - - - - - -

A : 맛이 어떠세요?

B : 아주 맛있어요.

새 단어

haben 하벤 가지다	gerne 게르너 기꺼이
schon 숀 이미, 벌써	trinken 트린켄 마시다
gewählt 게벨트 고르다, 선택하다(wählen의 과거분사)	Glas 글라스 ⓝ 유리컵
nehmen 네멘 취하다, 가지다, 먹다	Wasser 바써 ⓝ 물
Steak 스테이크 ⓝ 스테이크	bitte 비테 부디, 제발
mit 미트 함께, ~와 더불어	schmecken 쉬멕켄 ~한 맛이 나다
Salat 잘라트 ⓜ 샐러드	lecker 렉커 맛있는, 미식의

해설

◆ **Haben Sie schon gewählt?**

'당신은 이미 고르셨나요?'라는 뜻이지만 식당에서 '주문하시겠어요?'라는 표현으로 쓰인다.
gewählt는 '고르다, 선택하다'라는 뜻을 가진 wählen 동사의 과거분사다. haben 동사와
함께 동사의 과거분사를 써서 현재완료 시제를 만든다.

◆ **nehmen 동사**

Ich nehme ein Steak mit Salat.에서 nehme는 nehmen 동사의 1인칭 변화형이다.
nehmen은 '취하다, 자기 것으로 하다, 먹다'의 뜻이 있다. mit는 '~와 함께'라는 뜻의 전치
사이다. 식당에서 주문을 할 때 좀 더 정중하게 Ich hätte gern ein Steak mit Salat.[이
히 해테 게른 아인 스테이크 미트 잘라트]라고 말하기도 한다.

◆ **Was möchten Sie trinken?**

'무엇을 마시고 싶으세요?'라는 뜻이다. möchten이 쓰였기 때문에 동사 trinken이 동사원
형으로 오고 문장의 제일 마지막에 위치했다.

　　　Was möchten Sie essen? [바스 뫼히텐 지 에쎈] 　무엇을 드시고 싶으세요?

　　　Was möchtest du kaufen? [바스 뫼히테스트 두 카우펜] 　너는 무엇을 사고 싶어?

◆ Wie schmeckt es Ihnen?

상대에게 음식 맛이 어떠한지 물을 때 쓰는 표현이다. 동사 schmecken은 '맛이 나다'라는 뜻으로 맛이 있는지를 물을 때 인칭대명사 3격을 쓴다.

인칭대명사 3격					
단수	mir [미어]	나에게	복수	uns [운스]	우리에게
	dir [디어]	너에게		euch [오이히]	너희에게
	ihm [임]	그에게		ihnen [이넨]	그들에게
	ihr [이어]	그녀에게		Ihnen [이넨]	당신(들)에게
	ihm [임]	그것에게			

Das schmeckt mir gut. [다스 쉬멕트 미어 굳]   그것은 나에게 맛있다.
Schmeckt es dir gut? [쉬멕트 에스 디어 굳]   그것이 맛있니?

◆ Es schmeckt sehr lecker

'음식이 아주 맛있다'는 뜻이다. 구어체에서는 Sehr lecker!라고도 말한다. '음식이 맛있어 보인다'는 표현으로는 Das sieht lecker aus! [다스 지이트 렉커 아우스]라고 한다.

맛 표현			
lecker [렉커]	맛있는	geschmacklos [게쉬막로스]	맛없는
würzlos [뷔르쯔로스]	양념하지 않은, 맛없는, 싱거운	scharf [샤르프]	매운
salzig [잘치히]	짠	sauer [자우어]	신
süß [쥐스]	달콤한	bitter [비터]	쓴
nussig [누씨히]	고소한	fettig [페티히]	느끼한

1 다음 단어의 우리말 뜻을 쓰세요.

1. können _____

2. möchten _____

3. nehmen _____

4. schmecken _____

5. trinken _____

2 빈칸에 알맞은 독일어를 쓰세요.

1. Was _____ ich Ihnen helfen? 무엇을 도와드릴까요?

2. Was _____ Sie trinken? 당신은 무엇을 마시겠습니까?

3. _____ kostet ein Kilo Rindfleisch? 소고기 1kg에 얼마입니까?

4. Das _____ sehr gut. 그것은 아주 맛있습니다.

5. Ich möchte eine Gemüsesuppe _____.
나는 채소 수프를 주문하고 싶어요.

1 1. ~할 수 있다　2. ~하고 싶다　3. 가지다, 취하다　4. 맛이 나다　5. 마시다

2 1. Kann　2. möchten　3. Wie viel　4. schmeckt　5. bestellen

Deutsche Küche und Zutaten

도이체 퀴헤 운트 추타텐 독일 음식과 재료

Schnitzel 쉬니첼 ⓝ
커틀릿, 돈가스

Eisbein 아이스바인 ⓝ
돼지족발

Fleischknödel
플라이쉬크뇌델 ⓜ 독일식 미트볼

Kartoffelsalat 카르토펠잘라트 ⓝ
감자샐러드

Sauerkraut 자우어크라우트 ⓝ
양배추절임

Salat
잘라트 ⓜ 샐러드

Fisch
피쉬 ⓝ 생선

Spaghetti
쉬파게티 ⓟⓛ 스파게티

Reis 라이스 ⓜ 밥

Suppe 주퍼 ⓝ 수프

Rindfleisch
린트플라이쉬 ⓝ 소고기

Schweinefleisch
쉬바이네플라이쉬 ⓝ 돼지고기

Hähnchen
핸헨 ⓝ 닭고기

Meeresfrüchte
메레스프뤼히테 ⓟⓛ 해산물

Ei 아이 ⓝ 계란

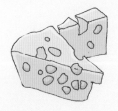

Käse 캐제 ⓜ 치즈

Obst 옵스트 ⓝ 과일

Salz 잘츠 ⓝ 소금

Zucker 축커 ⓜ 설탕

Pfeffer 페퍼 ⓜ 후추

105

Wir brauchen Obst.

기본 회화

A Was ist im Schrank ?

바스 이스트 힘 쉬랑크

B Hier sind ein Brot, eine Tomate, eine Kartoffel.

히어 진트 아인 브로트, 아이네 토마테, 아이네 카토펠

A Was brauchen wir noch?

바스 브라우헨 비어 노흐

B Wir brauchen noch einen Kopfsalat, einen Rettich, eine Kiwi.

비어 브라우헨 노흐 아이넨 코프잘라트, 아이넨 레티히, 아이네 키위

A : 부엌장에 무엇이 있니?

B : 여기에는 빵 하나, 토마토 하나, 감자 하나가 있어.

A : 우리 무엇이 더 필요하지?

B : 우리는 상추와 무와 키위가 필요해.

새 단어

Schrank 쉬랑크 ⓜ 장, 옷장

hier 히어 여기

Brot 브로트 ⓝ 빵

Tomate 토마테 ⓕ 토마토

Kartoffel 가토펠 ⓕ 감자

brauchen 브라우헨 필요하다

noch 노흐 아직

Kopfsalat 코프잘라트 ⓜ 레티스, 상추

Rettich 레티히 ⓜ 무

Kiwi 키위 ⓕ 키위

◆ **Was ist im Schrank?**

부엌장에 무엇이 있는지 묻는 표현이다. im은 in dem의 줄임말로, 여기에서는 전치사 in이 '~에'라는 뜻으로 정관사 3격이 사용된다. 따라서 in 다음에 오는 명사인 Schrank가 남성명사이므로 정관사 변화에서 남성 3격인 dem을 쓴다. 그리고 in dem은 im으로 줄여서 쓴다.

> 복수 (die) – in den
> 남성 (der) – in dem = im
> 여성 (die) – in der
> 중성 (das) – in dem = im

◆ **부정관사 ein**

ein Brot, eine Tomate, eine Kartoffel에서는 부정관사 ein이 명사의 성에 따라서 변하는 형태를 볼 수 있다. Brot는 중성명사이므로 ein, Tomate와 Kartoffel은 여성명사이므로 eine로 쓴다.

Wir brauchen noch einen Kopfsalat, einen Rettich, eine Kiwi.에서는 동사 brauchen이 '~를 필요로 하다'라는 뜻이므로 부정관사를 4격으로 쓴다. 따라서 남성명사인 Kopfsalat와 Rettich는 einen의 형태로, 여성명사인 Kiwi 앞에서는 eine로 변화한다.

	남성	여성	중성
4격	einen [아이넨]	eine [아이네]	ein [아인]

◆ **단수형과 복수형**

독일어에서 명사는 단수형과 복수형이 다르다. 명사의 복수형을 만들 때에는 단수와 복수를 동일하게 쓰거나, 명사 뒤에 –er, –e, –n 혹은 –en, –s를 붙인다. 그리고 간혹 움라우트가 붙기도 한다. 아래의 다섯 가지 경우로 복수형을 만들지만 일정한 규칙이 없어 예외가 많다. 따라서 각 명사의 단수 · 복수형을 성과 함께 익혀야 한다.

★ 단수와 복수가 같은 경우

: 주로 -er, -el, -chen, -lein 으로 끝나는 명사이지만 예외도 있다.

단수		복수	단수		복수
der Lehrer [레러]	선생님	die Lehrer	das Fenster [펜스터]	창문	die Fenster
der Fehler [펠러]	실수, 잘못	die Fehler	das Mittel [미텔]	수달	die Mittel
der Vater [파터]	아버지	die Väter	der Bruder [브루더]	형제	die Brüder
der Vogel [포겔]	새	die Vögel	der Apfel [아펠]	사과	die Äpfel

★ -er가 붙는 경우

: 주로 단음절의 중성명사이지만 예외도 있다.

단수		복수	단수		복수
das Bild [빌트]	그림	die Bilder	das Buch [부흐]	책	die Bücher
das Kind [킨트]	아이	die Kinder	das Haus [하우스]	집	die Häuser
das Ei [아이]	달걀	die Eier	das Tuch [투흐]	수건	die Tücher
der Mann [만]	남자, 사람	die Männer			

★ -e가 붙는 경우

: 주로 단음절의 남성명사(간혹 여성명사)이지만 예외도 있다.

단수		복수	단수		복수
der Brief [브리프]	편지	die Briefe	der Baum [바움]	나무	die Bäume
der Freund [프로인트]	친구	die Freunde	die Hand [한트]	손	die Hände
der Fisch [피쉬]	물고기	die Fische	der Zahn [찬]	이, 치아	die Zähne
das Salat [잘라트]	샐러드	die Salate	der Saft [자프트]	주스	die Säfte

★ −n, −en이 붙는 경우

: −e 나 −ung, −heit, keit로 끝나는 경우

단수		복수	단수		복수
die Banane [바나너]	바나나	die Bananen	die Zeitung [차이퉁]	신문	die Zeitungen
die Flasche [플라쉐]	병	die Flaschen	die Heizung [하이충]	난방 장치	die Heizungen
die Rose [로제]	장미	die Rosen	die Bitterkeit [비터카이트]	쓴 맛	die Bitterkeiten
die Blume [블루메]	꽃	die Blumen	die Orange [오랑쉐]	오렌지	die Orangen

★ −s가 붙는 경우

: 주로 외래어인 경우

단수		복수	단수		복수
das Auto [아우토]	차	die Autos	der Park [파크]	공원	die Parks
die Kiwi [키위]	키위	die Kiwis	das Foto [포토]	사진	die Fotos
das Büro [뷔로]	사무실	die Büros	das Sofa [조파]	소파	die Sofas
das Hotel [호텔]	호텔	die Hotels	der Joghurt [요거트]	요구르트	die Joghurts

응용 회화

A Haben Sie keine Äpfel?
하벤 지 카이네 애펠

B Doch, hier sind Äpfel.
도흐, 히어 진트 애펠

A Was kostet ein Kilo Äpfel?
바스 코스테트 아인 킬로 애펠

B Ein Kilo Äpfel kostet drei Euro.
아인 킬로 애펠 코스테트 드라이 오이로

A Dann nehme ich zwei Kilo.
단 네메 이히 쯔바이 킬로

B Sonst noch etwas?
존스트 노흐 에트바스

A Nein, danke. Das ist alles.
나인, 당케 다스 이스트 알레스

A : 사과 없나요?

B : 천만에요! 있어요.

A : 사과 1킬로그램에 얼마예요?

B : 사과 1킬로그램은 3유로예요.

A : 그럼, 2킬로그램 할게요.

B : 그 밖에 더 필요한 것 있으세요?

A : 아니요. 그게 다예요.

새 단어

kein 카인 ～가 아닌, ～하지 않은	**nehme** 네메 가지다, 취하다 (기본형 nehmen)
Äpfel 애펠 Apfel의 복수형 (Apfel 사과)	**sonst** 존스트 그렇지 않으면
kostet 코스테트 값이 ～이다 (기본형 Kosten)	**etwas** 에트바스 무엇, 어떤 것
drei 드라이 숫자 3	

해 설

◆ Haben Sie keinen Apfel?

'당신은 사과를 가지고 있지 않습니까?'라는 뜻이지만, 상점에서 사용하면 사과를 파는지 묻는 의미로 쓰인다. 주어가 2인칭 단수이고 경칭인 Sie이기 때문에 haben 동사가 동사원형의 형태로 사용되었다. Apfel은 남성명사이고 4격 목적어이기 때문에 부정관사는 einen을 쓴다.

Sie haben einen Apfel. [지 하벤 아이넨 아펠] 당신은 사과 하나를 가지고 있습니다.

◆ kein

kein은 '~가 않는, ~하지 않는'의 뜻으로 명사를 부정할 때 쓴다. kein 뒤에 단수 명사가 오면 형태가 부정관사처럼 변화하고, kein 뒤에 복수명사가 오면 정관사의 복수형처럼 변화한다.

부정수사 kein			
	남성	중성	여성	복수
1격	kein [카인]	kein [카인]	keine [카이네]	keine [카이네]
2격	keines [카이네스]	keines [카이네스]	keiner [카이너]	keiner [카이너]
3격	keinem [카이넴]	keinem [카이넴]	keiner [카이너]	keinen [카이넨]
4격	keinen [카이넨]	kein [카인]	keine [카이네]	keine [카이네]

Ich habe Kein Geld. [이히 하베 카인 겔트]   나는 돈이 없다.

Er hat keine Zeit. [에어 하트 카이네 짜이트]   그는 시간이 없다.

Sie hat keinen Freund. [지 하트 카이넨 프로인트]   그녀는 남자 친구가 없다.

Er ist kein kluger Mann. [에어 이스트 카인 클루거 만]   그는 똑똑한 남자가 아니다.

◆ 부정문

Haben Sie keine Äpfel? 직역하면 '사과를 가지고 있지 않나요?'이다. kein을 사용하여 부정문으로 물어보았다.

사과가 있으면 Doch, ich habe Äpfel. [도흐 이히 하베 애펠] '천만에요, 나는 사과를 가지고 있어요.',

사과가 없으면 Nein, ich habe keine Äpfel. [나인, 이히 하베 카이네 애펠] '아니요, 나는 사과를 가지고 있지 않아요.'라고 대답한다. 즉, doch와 nein으로 대답할 수 있다.

◆ 가격 묻고 답하기

Was kostet ein Kilo Äpfel?에서 Was kostet~, Was kosten~ 은 가격이 얼마인지 물어
볼 때 쓰는 표현이다. Was kostet~ 대신 Wie viel kostet~ 를 써도 된다.

> Was kostet es? [바스 코스테트 에스] 이거 얼마예요?
>
> Wie viel kostet das? [비 필 코스테트 다스] 이거 얼마예요?
>
> Was kosten 100 gramm Schweinefleisch? [바스 코스텐 훈더르트 그람 슈바이네플라이쉬]
> 돼지고기 100그램은 얼마입니까?
>
> Wie viel kostet ein Kilo Äpfel? [비 필 코스테트 아인 킬로 애펠]
> 사과 1킬로그램에 얼마예요?
>
> Wie viel kostet ein Stück Käse? [비 필 코스테트 아인 슈틱 케제]
> 치즈 한 조각은 얼마입니까?

Ein Kilo Äpfel kostet drei Euro. '사과 1킬로그램은 3유로예요.'라는 문장으로 얼마인지
이야기하고 있다.

> 500g Tomaten kosten zwei Euro fünfzig.
> [퓐프훈더르트 그람 토마텐 코스텐 츠바이 오이로 퓐프치히]
> 토마토 500그램은 2유로 50센트입니다.
>
> Eine Flasche Apfelsaft kostet 70 cent.
> [아이네 플라쉐 아펠자프트 코스테트 집치히 센트]
> 사과 주스 한 병은 70센트입니다.

＊ 1 Euro = 100 Cent [훈데르트 센트]

　0,20 Euro = zwanzig Cent [츠반찌히 센트]

　5,00 Euro = fünf Euro [퓐프 오이로]

　2, 30 Euro = zwei Euro dreißig [츠바이 오이로 드라이씨히]

◆ Euro

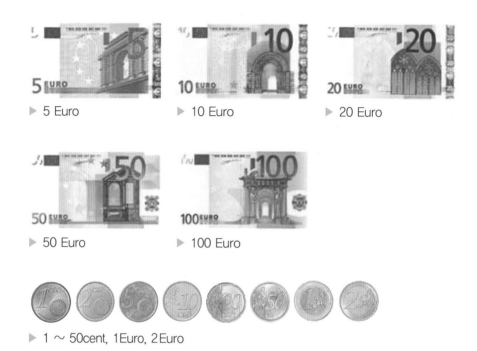

▶ 5 Euro

▶ 10 Euro

▶ 20 Euro

▶ 50 Euro

▶ 100 Euro

▶ 1 ～ 50cent, 1Euro, 2Euro

Hallo, Deutschland

독일 **뉘른베르거 크리스트킨들마크트**(Nürnberger Christkindlesmarkt)는 세계적으로 유명한 크리스마스 시장이다. 매년 대림절 첫째 금요일에 중앙 광장의 프라우엔 교회에서 크리스트킨트와 천사들이 크리스마스 마켓이 열림을 알린 후 12월 24일까지 장이 열린다. 이곳에서는 다양한 독일 전통 공예품을 판매하고 있고 뉘른베르크 소시지와 계피향이 나는 렙쿠헨을 맛볼 수 있다. 추운 겨울 시장에서 볼거리를 즐기며 마시는 따뜻한 와인 'Glühwein'(글뤼바인)은 이 시장의 별미이다.

1 다음 단어의 우리말 뜻을 쓰세요.

1. Schrank ------------------------

2. kosten ------------------------

3. wie viel ------------------------

4. Kartoffel ------------------------

5. Äpfel ------------------------

2 빈칸에 알맞은 독일어를 쓰세요.

1. -------------- Sie Kinder? 아이가 있으세요?

2. Nein, ich habe-------------- Kinder. 아니요, 저는 아이가 없어요.

3. ------------ kostet ein Stück Kuchen? 케이크 한 조각이 얼마입니까?

4. 100gramm Tomaten ---------- 50 cent. 토마토 100그램은 50센트입니다.

5. Wir ---------- Obst. 우리는 과일이 필요합니다.

 정답

1 1. 장, 옷장   2. 값이 얼마이다   3. 얼마나 많은   4. 감자   5. 사과(복수)

2 1. Haben   2. keine   3. Was   4. kosten   5. brauchen

das Gemüse 게뮈제 채소

Chinakohl
히나콜 ⓜ 배추

Rettich
레티히 ⓜ 무

Gurke
구어케 ⓕ 오이

Möhre
뫼레 ⓕ 당근

Aubergine
오버쥐네 ⓕ 가지

Kartoffel
카토펠 ⓕ 감자

Erbse 에릅세 ⓕ 완두콩
Bohne 보네 ⓕ 콩

Kopfsalat
코프잘라트 ⓜ 레티스, 상추

Tomate
토마테 (f) 토마토

Pilz
필츠 (m) 버섯

Mais
마이스 (m) 옥수수

Weißkohl
바이스콜 (m) 양배추

Zwiebel
츠비벨 (f) 양파

Porree 포레 (m) 대파
Lauch 라우흐 (m) 파, 부추

Knoblauch
크노프라우흐 (m) 마늘

Ingwer
잉버 (m) 생강

Tag 11 Das Haus ist sehr schön.

기본 회화

A Ich suche eine Wohnung in Müchen.

이히 주헤 아이네 보눙 인 뮌헨

B Warum suchst du eine Wohnung in München?

바룸 주흐스트 두 아이네 보눙 인 뮌헨

A Dort studiere ich Germanistik.

도르트 스튜디레 이히 게르마니스틱

Deswegen brauche ich dort eine Wohnung.

데스베겐 브라우헤 이히 도르트 아이네 보눙

B Ach so! Meine Freundin wohnt in München.

아흐 조! 마이네 프로인딘 본트 인 뮌헨

Und sie möchte ein Zimmer vermieten.

운트 지 뫼히테 아인 침머 페어미텐

A Sehr schön! Ich möchte das Zimmer sehen.

제어 쉔! 이히 뫼히테 다스 침머 제언

B Gerne!

게르네

A : 나는 뮌헨에 집을 구하고 있어.

B : 너는 왜 뮌헨에서 집을 구하니?

A : 거기에서 나는 독어독문학을 전공하고 있어.

　　그 때문에 나는 그곳에 집이 필요해.

B : 아, 그래! 내 친구가 뮌헨에 살아.

　　그리고 그녀는 방 하나를 임대하고 싶어 해.

A : 잘 됐다! 나는 그 집을 보고 싶어.

B : 기꺼이!

suchen 주헨 찾다, 구하다

Müchen 뮌헨 뮌헨(도시)

warum 바룸 왜, 어째서

suchst 주흐스트 찾다, 구하다 (기본형 suchen)

studiere 스튜디레 공부하다, 전공하다
(기본형 studieren)

Germanistik 게르마니스틱 ⓕ 독어독문학

deswegen 데스베겐 그런 까닭에, 그런 이유로

brauche 브라우헤 필요하다 (기본형 brauchen)

Freundin 프로인딘 ⓕ 여자친구

wohnt 본트 살다 (기본형 wohnen)

möchte 뫼히테 원하다, ~하고 싶다 (기본형 möchten)

Zimmer 침머 방

vermieten 페어미텐 임대하다, 빌려주다

schön 쇤 멋진, 아름다운

sehen 제언 보다, 구경하다

gerne 게르네 기꺼이

해설

◆ Ich suche eine Wohnung in Müchen.

이 문장에서 suchen은 '구하다, 찾다'라는 뜻이다. 주어가 ich이므로 어간 such에 어미 −e가 붙었다. eine Wohnung은 4격 목적어이다. Wohnung이 여성명사이므로 부정관 사 eine를 쓴다.

단수	ich	suche [주헤]	복수	wir	suchen [주헨]
	du	suchst [주흐스트]		ihr	sucht [주흐트]
	er/sie/es	sucht [주흐트]		sie/Sie	suchen [주헨]

* Wohnung은 보통 여러 개의 방이 있는 아파트 구조의 집을 말한다. 1−Zimmer−Wohnung [아인 침머 보 눙]은 방이 한 개 있는 집이고, 3−Zimmer−Wohnung [드라이 침머 보눙]은 방 세 칸짜리 집을 말한다.

◆ **Warum suchst du eine Wohnung in München?**

warum은 '왜, 어째서'라는 뜻의 의문사이다. 이 문장은 〈의문사＋동사＋주어＋목적어〉의 어순으로 구성되어 있다. suchst는 주어가 du이므로 suchen 동사의 어간 such-에 어미 -st를 붙인 것이다.

◆ **Dort studiere ich Germanistik.**

dort는 '거기에서, 저기에서'라는 뜻의 부사이다. '여기에, 이곳에'를 뜻하는 부사는 hier이 다. Deswegen brauche ich dort eine Wohnung.에서는 '내가 거기에서 독문학을 전 공하기 때문에'라는 의미를 담고 있다.

　　Eben deswegen! [에벤 데스베겐]　바로 그 때문이야!

◆ **wohnen과 leben 동사**

'살다'라는 뜻의 wohnen 동사는 사는 장소를 말할 때 주로 사용한다. 그러나 같은 의미의 동사 leben [레벤]은 사는 장소뿐만 아니라 무엇으로 먹고 사는지, 아니면 생명이 붙어 있는 지, 인생을 살아가다 등의 '살다'라는 뜻이 있다.

　　Ich wohne in Seoul. [이히 보네 인 서울]　나는 서울에서 산다.
　　Ich lebe in Seoul. [이히 레베 인 서울]　나는 서울에서 살고 있다.
　　Ich lebe noch. [이히 레베 노흐]　나는 아직 살아 있다.
　　Ich lebe von meiner Rente. [이히 레베 폰 마이너 렌테]　나는 연금으로 살고 있다.
　　Leb wohl! [렙 볼]　잘 살아!

◆ **접속사 und**

'그리고, ～와'의 뜻을 가진 접속사이다. aber는 '그러나'의 뜻이다.

　　Er ist schön und freundlich. [에어 이스트 쉔 운트 프로인트리히]　그는 멋지고 친절하다.
　　Er studiert in Bonn aber wohnt in Köln. [에어 스튜디어트 인 본 아버 본트 인 쾰른]
　　그는 본에서 공부를 하지만 쾰른에 산다.

◆ **vermieten 동사**

'임대하다, 빌려주다'라는 뜻이다. möchten 동사와 함께 쓰였기 때문에 동사원형으로 쓰고 문장의 맨 마지막에 위치한다.

'임차하다, 빌리다'라는 뜻의 동사는 mieten 이다. 앞에서 배운 kaufen[카우펜], '사다'라는 동사도 ver−를 붙이면 '팔다'라는 뜻이 된다. 즉, verkaufen[페어카우펜]은 '팔다'이다.

> Sie möchte ihre Wohnung vermieten. [지 뫼히테 이어레 보눙 페어미텐]
> 그녀는 집을 임대하고 싶어한다.
> Ich miete ein Zimmer Wohnung. [이히 미테 아인 침머 보눙]　나는 원룸을 얻는다.
> Ich kaufe ein Auto. [이히 카우페 아인 아우토]　나는 자동차를 산다.
> Ich verkaufe ein Auto. [이히 페어카우페 아인 아우토]　나는 자동차를 판다.

◆ **gerne**

상대가 말한 바를 '기꺼이 하겠다.' 혹은 '기꺼이 한 것이다'라는 표현이다. 상대방이 감사의 인사를 할 때에도 Gerne!라고 답할 수 있다.

> A: Danke schön! [당케 쉔]　감사합니다!
> B: Gerne! [게르네]　기꺼이 한 일입니다!

Hallo, Deutschland

독일에서는 자신의 집 **정원**을 가꾸는 것이 하나의 문화로 자리잡았을 정도로 집집마다 예쁜 정원을 꾸미고 있다. 주택이 아닌 공동주택에서 생활하여 정원을 갖지 못하는 경우에도 발코니나 창문의 창틀을 꽃과 나무로 장식하여 작은 미니 정원을 꾸밀 정도로 독일인들은 식물을 사랑한다. 2년마다 열리는 독일 정원 박람회는 세계적인 정원 박람회이다.

응용 회화

A Das Haus ist sehr schön.

다스 하우스 이스트 제어 쉔

B Ja, das Haus ist zwar schön aber zu groß.

야, 다스 하우스 이스트 츠바 쉔 아버 추 <u>그로쓰</u>

Ich wohne allein.

이히 보네 알라인

A Hier ist das Zimmer.

히어 이스트 다스 침머

B Das Zimmer ist hell und groß.

다스 침머 이스트 헬 운트 <u>그로쓰</u>

Wie groß ist das Zimmer?

비 <u>그로쓰</u> 이스트 다스 침머

A Das Zimmer ist 17qm groß.

다스 침머 이스트 집첸 크바드라트메터 <u>그로쓰</u>

B Toll! Ich möchte das Zimmer mieten.

톨! 이히 뫼히테 다스 침머 미텐

Wie viel kostet die Miete?

비 필 코스테트 디 미테

A Die Miete kostet 200 Euro.

디 미테 코스테트 츠바이훈데르트 오이로

A : 이 집은 정말 멋져요.

B : 네, 이 집은 멋지지만 너무 커요.

   저는 혼자 살거든요.

A : 여기가 방이에요.

B : 이 방은 밝고 커요.

   방은 얼마나 커요?

A : 이 방은 17제곱미터예요.

B : 좋아요! 나는 이 방을 임차할게요.

   월세는 얼마예요?

A : 월세는 200유로입니다.

 새 단어

sehr 제어 아주, 몹시	ist 이스트 ～이다 (기본형 sein)
zwar 츠바 ～이긴 하지만	17qm 집챈크마드라트메터 17제곱미터
zu groß 추 그로쓰 너무 큰	toll 톨 멋진, 훌륭한
allein 알라인 홀로, 외로운	Miete 미테 (f) 세, 임대료
hell 헬 밝은	mieten 미텐 임차하다, 빌리다
groß 그로쓰 큰	kostet 코스테트 값이 얼마이다 (기본형 kosten)

해 설

◆ **sehr schön**

'아주 멋진'의 뜻이다. sehr는 '아주, 몹시, 매우'라는 뜻의 부사로, 형용사를 강조할 때 형용
사 앞에 쓴다.

◆ **zwar ~ aber**

'～이지만 ～한'의 뜻이다.

> Er ist zwar alt aber gesund. [에어 이스트 츠바 알트 아버 게준트] 그는 늙었지만 건강하다.
> Er ist zwar arm aber fleißig. [에어 이스트 츠바 아름 아버 플라이씨히]
> 그는 가난하지만 부지런하다.

◆ **Hier ist das Zimmer.**

장소를 소개할 때 hier, dort 를 쓴다.

> Hier ist das Bad. [히어 이스트 다스 바트] 여기가 욕실이다.
> Hier ist die Küche. [히어 이스트 디 퀴헤] 여기가 부엌이다.
> Dort ist der Balkon. [도르트 이스트 데어 발콘] 저기가 발코니이다.
> Dort ist das Wohnzimmer. [도르트 이스트 다스 본찜머] 저기가 거실이다.

◆ **wie groß~**

'얼마나 큰'의 뜻으로 크기를 물어볼 때 쓰는 표현이다.

> Wie groß ist er? [비 그로쓰 이스트 에어] 그는 키가 얼마나 큽니까?
> Wie alt ist er? [비 알트 이스트 에어] 그는 나이가 몇 살입니까?
> Wie teuer ist das Haus? [비 토이어 이스트 다스 하우스] 이 집은 얼마나 비쌉니까?
> Wie lange wohnst du in Seoul? [비 랑에 본스트 두 인 서울]
> 너는 서울에서 얼마나 오래 살았니?

◆ **qm**

독일에서는 집이나 방의 넓이를 나타내는 단위로 qm [크바드라트메터] '제곱미터'를 사용한다.
1qm 이라고 쓰고 ein Quadratmeter [아인 크바드라트메터] 라고 읽는다.
독일은 부동산 중개료가 비싼 편이라서 신문이나 인터넷의 광고를 보고 집이나 방을 구한다.
대학이나 관공서 혹은 슈퍼마켓의 게시판에서도 집을 구하거나 세를 놓는 광고를 흔히 볼 수 있다.
독일에서 집을 구할 때에는 집세에 관리비가 포함되었는지 아닌지를 알아봐야 한다. 집세에 관리비가 포함된 경우에는 warm [바름] 이라고 표시를 하고, 포함이 되지 않은 경우에는

kalt [칼트] 라고 표시한다. 관리비가 따로 있는 경우에는 Nebenkosten 50€[네벤코스텐 퓐프 치히 오이로](관리비 50유로)라고 적어두기도 한다.

〈광고 예〉

Zimmer frei!
[침머 프라이]

17qm, hell, ruhig, möbliert
[집첸크바드라트메터 헬 루이히 뫼블리어트]

200€ warm
[츠바이훈데르트 오이로 바름]

Rauchen nicht erwünscht~!
[라우헨 니흐트 에어뷘쉬트]

방 있음!

17㎡, 밝고 조용하고 가구가 비치됨.

200유로, 관리비 포함.

비흡연자 요망!

1 다음 단어의 우리말 뜻을 쓰세요.

1. vermieten   ----------------------

2. suchen   ----------------------

3. schauen   ----------------------

4. Miete   ----------------------

5. deswegen   ----------------------

2 빈칸에 알맞은 독일어를 쓰세요.

1. ---------------- groß ist das Zimmer?   그 방은 얼마나 큽니까?

2. ---------------- wohnst du in München?   너는 왜 뮌헨에 살고 있니?

3. Hier ist der ----------------.   여기가 발코니입니다.

4. Wie viel kostet die ----------------?   월세가 얼마입니까?

5. Er ist ---------------- alt aber gesund.   그는 늙었지만 건강하다.

1 1. 임대하다, 빌려주다   2. 찾다, 구하다   3. 보다, 확인하다   4. 임대료   5. 그런 까닭에

2 1. Wie   2. Warum   3. Balkon   4. Miete   5. zwar

Antonym 안토늄 반의어 1

groß 큰 ↔ **klein** 작은
그로쓰　　　　클라인

schwer 무거운 ↔ **leicht** 가벼운
쉬베어　　　　라이히트

breit 넓은 ↔ **schmal** 좁은
브라이트　　　쉬말

weit 먼, 아득한 ↔ **nah** 가까운
바이트　　　　　　나

dick 딕 굵은, 두꺼운 ↔ **dünn** 뒨 가는, 얇은

schnell 쉬넬 빠른, 신속한 ↔ **langsam** 랑잠 느린, 천천히

Tag 12 Wie spät ist es?

기본 회화

A Wie spät ist es?

비 슈펠 이스트 에스

B Moment, es ist halb acht.

모멘트, 에스 이스트 할프 아흐트

Wann gehen Sie nach Hause?

반 게엔 지 나흐 하우제

A Um acht Uhr.

움 아흐트 우어

B Dann können Sie mir helfen?

단 쾬넨 지 미어 헬펜

A Ja, gerne!

아, 게르네

A : 몇 시입니까?

B : 잠시만요, 지금은 7시 반이에요.

　　언제 집에 가세요?

A : 8시예요.

B : 그럼, 저를 도와주실 수 있으세요?

A : 그럼요, 기꺼이요.

새 단어

spät 슈페트 늦은	Hause 하우제 집 (Haus의 활용형)
Moment 모멘트 ⓜ 순간, 찰나	um 움 주위에, 둘레에
halb 할프 절반의, 2분의 1의	Uhr 우어 ⓕ 시간, 시각, 시계
acht 아흐트 숫자 8	können 쾬넨 할 수 있다
wann 반 언제, 어느 때	mir 미어 나에게
gehen 게엔 가다	helfen 헬펜 돕다
nach 나흐 ~뒤에	gerne 게르네 기꺼이

◆ 시간 묻고 답하기

Wie spät ist es?는 '몇 시입니까?'라고 시각을 물을 때 쓰는 표현이다. 대답할 때에는 es ist ~로 시작해서 '시간, 시각'을 뜻하는 Uhr을 숫자 뒤에 붙인다. 7Uhr는 '7시', 9Uhr 는 '9시'를 뜻한다. '~분 전'으로 표현할 때에 전치사 vor[포어]를, '~분 후'로 표현할 때에 는 전치사 nach[나흐]를 쓴다. 시간을 말할 때 특히 유의할 것은 '1시 반', '2시 반'과 같이 halb[할프]를 쓸 때이다. 우리말과 달리 독일어의 시각 표현에서는 '1시 반'이 halb zwei[할 프 츠바이], '2시 반'이 halb drei[할프 드라이] 이다.

Wie spät ist es?   몇 시입니까?
Es ist 7 Uhr. [에스 이스트 지벤 우어]   지금은 7시입니다.
Es ist 7 Uhr 30. [에스 이스트 지벤 우어 드라이씨히]   지금은 7시 30분입니다.
Es ist halb acht. [에스 이스트 할프 아흐트]   지금은 7시 반입니다.
Es ist viertel nach zwei. [에스 이스트 피어텔 나흐 츠바이]   2시 15분입니다.
Es ist viertel vor zwei. [에스 이스트 피어텔 포어 츠바이]   2시 15분 전입니다. (1시 45분)
Es ist kurz vor drei. [에스 이스트 쿠르쯔 포어 드라이]   3시 직전입니다. (2시 57분)
Es ist kurz nach drei. [에스 이스트 쿠르쯔 나흐 드라이]   3시 직후입니다. (3시 3분)

시		시	
1시	ein Uhr [아인 우어]	9시	neun Uhr [노인 우어]
2시	zwei Uhr [츠바이 우어]	10시	zehn Uhr [첸 우어]
3시	drei Uhr [드라이 우어]	11시	elf Uhr [엘프 우어]
4시	vier Uhr [피어 우어]	12시	zwölf Uhr [츠뵐프 우어]
5시	fünf Uhr [퓐프 우어]	13시	dreizehn Uhr [드라이첸 우어]
6시	sechs Uhr [젝스 우어]	14시	vierzehn Uhr [피어첸 우어]
7시	sieben Uhr [지벤 우어]	15시	fünfzehn Uhr [퓐프첸 우어]
8시	acht Uhr [아흐트 우어]	16시	sechzehn Uhr [제히첸 우어]

17시	siebzehn Uhr [집첸 우어]		22시	zweiundzwanzig Uhr [츠바이운트츠반치히 우어]
18시	achtzehn Uhr [아흐첸 우어]		23시	dreiundzwanzig Uhr [드라이운트츠반치히 우어]
19시	neunzehn Uhr [노인첸 우어]			
20시	zwanzig Uhr [츠반치히 우어]		24시	vierundzwanzig Uhr [피어운트츠반치히 우어]
21시	einundzwanzig Uhr [아인운트츠반치히 우어]			

* 라디오나 버스 · 기차 · 비행기 등 공식적으로 시간을 쓸 때에는 24시간으로 표현하고, 일상생활에서는 오전 · 오후로 12시간씩 나누거나 24시간 단위로 표현한다.

Es ist zwanzig Uhr vier. [에스 이스트 츠반치히 우어 피어] 20시 4분입니다.

Es ist dreizehn Uhr zwanzig. [에스 이스트 드라이첸 우어 츠반치히] 13시 20분입니다.

◆ nach Hause

'집으로'라는 뜻이다. 자신이 집에 있을 경우에는 전치사 zu [추]를 쓰므로 nach와 zu를 혼동하지 않도록 주의한다.

Ich gehe nach Hause. [이히 게에 나흐 하우제] 나는 집에 간다.

Ich bin zu Hause. [이히 빈 추 하우제] 나는 집에 있다.

◆ dann

'그럴 경우에, 그 때에'를 뜻한다. 위의 대화에서는 A가 아직 집에 가지 않는 상황이므로 B가 그렇다면 자신을 도와줄 수 있는지 물어보는 것이다.

화법조동사 können으로 물었으므로 동사 helfen은 맨 뒤에 위치하고 원형으로 쓴다.

* 화법조동사가 사용될 때 일반동사는 문장의 맨 끝에 동사원형으로 쓰인다.

화법조동사 können					
단수	ich	kann [칸]	복수	wir	können [쾬넨]
	du	kannst [칸스트]		ihr	könnt [쾬트]
	er/sie/es	kann [칸]		Sie/sie	können [쾬넨]

응용 회화

A Wann stehen Sie auf?

반 슈테엔 지 아우프

B Ich stehe um 7 Uhr auf.

이히 슈테에 움 지벤 우어 아우프

A Was machen Sie dann?

바스 마헨 지 단

B Ich mache Frühstück.

이히 마헤 프뤼슈틱

A Wann gehen Sie zur Arbeit?

반 게엔 지 쭈어 아르바이트

B Ich gehe um halb neun zur Arbeit.

이히 게에 움 할프 노인 추어 아르바이트

A : 당신은 언제 일어나세요?

B : 나는 7시에 일어나요.

A : 무엇을 하세요?

B : 나는 아침을 만들어요.

A : 당신은 언제 출근하세요?

B : 저는 8시 반에 출근합니다.

새 단어

wann 반 언제	gehen 게엔 가다
aufstehen 아우프쉬테엔 서 있다, 일어나다	Arbeit 아르바이트 ⨍ 일, 노동
stehe 쉬테에 서다 (기본형 Stehen)	halb 할프 절반의, 1/2
Frühstück 프뤼슈틱 아침식사	neun 노인 숫자 9
machen 마헨 만들다, 행하다	

131

해설

◆ **Wann stehen Sie auf?**

wann은 '언제'를 뜻하는 의문사이다.

동사 aufstehen[아우프슈테엔]은 '일어나다'라는 뜻이다. 이 동사는 auf와 stehen이 분리되어 사용되는 분리동사이다. 분리동사는 〈전치사+동사〉의 형태로 쓰이는데 전치사 부분은 문장의 맨 뒤에 위치한다. 그래서 auf/stehen의 auf가 문장의 맨 뒤에 위치하고 있는 것이다.

an/kommen[안콤멘] '도착하다', an/rufen[안루펜] '전화하다', auf/räumen[아우프로이멘] '청소하다', ein/kaufen[아인카우펜] '장보다', fern/sehen[페른제엔] '텔레비전을 보다' 등의 동사 역시 분리동사이다.

전치사	동사	분리동사
an [안]	kommen [콤멘]	ankommen [안콤멘] 도착하다
an [안]	rufen [루펜]	anrufen [안루펜] 전화하다
auf [아우프]	räumen [로이멘]	aufräumen [아우프로이멘] 청소하다
auf [아우프]	stehen [쉬테엔]	aufstehen [아우프쉬테엔] 일어나다
ein [아인]	kaufen [카우펜]	einkaufen [아인카우펜] 장보다
fern [페른]	sehen [제엔]	fernsehen [페른제엔] 텔레비전을 보다

Ich komme um 9 Uhr an. [이히 콤메 움 노인 우어 안] 나는 9시에 도착한다.

Sie ruft mich an. [지 루프트 미히 안] 그녀는 나에게 전화를 건다.

Ich räume mein Zimmer auf. [이히 로이메 마인 침머 아우프] 나는 나의 방을 청소한다.

◆ zu

'~로, ~향하여'라는 뜻으로 방향을 나타낸다. zur[추어]는 zu der[추 데어]의 줄임말이다.
명사 Schule[슐레] '학교'가 여성이고 3격으로 쓰였기 때문에 정관사 der를 썼다.

Ich gehe zur Arbeit. [이히 게에 추어 아르바이트]　나는 일하러 간다.

Ich gehe zur Schule. [이히 게에 추어 슐레]　나는 학교에 간다.

Ich gehe zur Post. [이히 게에 추어 포스트]　나는 우체국에 간다.

Hallo, Deutschland

독일인들은 **시간 개념**이 확실하다. 약속 시간 5분 전 도착은 기본 예의일 정도로 상대를 기다리
게 하는 일이 적다. 이는 상대의 시간도 소중히 여기는 배려의 마음에서 나온 것이다. 그래서 독
일인은 사소한 만남도 꼭 시간 약속을 한다. 병원에 갈 때에도 위급한 경우가 아니라면 미리 예
약을 해야 진료를 받을 수 있고 은행이나 관공서에서 일을 처리할 때에도 미리 시간을 정해놓고
방문을 한다. 그리고 독일의 관공서, 기업, 학교 등에는 'Sprechstunde'라는 면담시간이 정해져
있어서 담당자가 근무를 하고 있더라도 면담시간이 아니면 만나지 못하는 경우가 있다.

🐭 **1** 다음 단어의 우리말 뜻을 쓰세요.

1. aufstehen _____

2. viertel _____

3. halb _____

4. Uhr _____

5. machen _____

🐭 **2** 빈칸에 알맞은 독일어를 쓰세요.

1. Wie _____ ist es? 몇 시입니까?

2. Es ist zwanzig _____ acht. 8시 20분 전입니다.

3. Es ist _____ nach zwei. 2시 15분입니다.

4. Es ist halb _____. 7시 반입니다.

5. Ich stehe um 7 Uhr _____. 나는 7시에 일어납니다.

1 1. 일어나다   2. 4분의 1의   3. 반의, 2분의 1의   4. 시간, 시각, 시계   5. 만들다, 행하다

2 1. spät   2. vor   3. viertel   4. acht   5. auf

die Maßeinheit 마스아인하이트 단위

1 킬로그램	ein Kilo	아인 킬로
1 그램	ein Gramm	아인 그람
500 그램	ein Pfund	아인 푼트
1 리터	ein Liter	아인 리터
1 갤론	eine Gallone	아이네 갈로네
1 밀리리터	ein Milliliter	아인 밀릴리터
1 피트	ein Fuß	아인 푸스
1인치	ein Zoll	아인 촐
한 컵	ein Becher	아인 베허
1도	ein Grad	아인 그라트
한 병	eine Flasche	아이네 플라쉐
한 팩	eine Packung	아이네 파쿵
한 캔	eine Dose	아이네 도제

135

Tag 13 Welcher Tag ist heute?

기본 회화

A Welcher Tag ist heute?

벨허 탁 이스트 호이테

B Heute ist Montag.

호이테 이스트 몬탁

A Welches Datum haben wir heute?

벨헤스 다툼 하벤 비어 호이테

B Heute haben wir den 26. Mai.

호이테 하벤 비어 덴 젝스운트쯔반찌히스텐 마이

Heute ist mein Geburtstag.

호이테 이스트 마인 게부르츠탁

A Herzlichen Glückwunsch zum Geburtstag!

헤르츠리헨 글뤽분쉬 춤 게부르츠탁

A : 오늘은 무슨 요일입니까?

B : 오늘은 월요일입니다.

A : 오늘은 며칠입니까?

B : 오늘은 5월 26일입니다.

　　오늘은 내 생일입니다.

A : 생일 축하합니다!

새 단어

Tag 탁 ⓜ 날, 하루, 낮	Mai 마이 ⓜ 5월
heute 호이테 오늘, 요즘	Datum 다툼 ⓝ 날짜, 연월일
Welches 벨헤스 어떤, 어느 (welch의 2격)	herzlich 헤르츠리히 진심의, 진정한
Montag 몬탁 ⓜ 월요일	Glückwunsch 글뤽분쉬 ⓜ 축하, 축사
haben 하벤 가지다	zum 춤 zu dem의 결합형
wir 비어 우리	Geburtstag 게부르츠탁 ⓜ 생일

해 설

◆ **요일 묻고 답하기**

요일을 물어볼 때에는 Welcher Tag ist heute? 혹은 Welchen Tag haben wir heute? [벨헨 탁 하벤 비어 호이테] 라고 말한다.

Welcher Tag ist heute? [벨허 탁 이스트 호이테]　오늘은 무슨 요일입니까?
Heute ist Mittwoch. [호이테 이스트 미트보흐]　오늘은 수요일입니다.

★ **Wochentag** [보헨탁] **요일**

월요일	화요일	수요일	목요일
Montag [몬탁]	Dienstag [딘스탁]	Mittwoch [미트보흐]	Donnerstag [도너스탁]
금요일	토요일	일요일	
Freitag [프라이탁]	Sammstag [잠스탁]	Sonntag [존탁]	

◆ **날짜 말하기**

오늘이 며칠인지 날짜를 물을 때에도 haben 동사나 sein 동사를 사용한다.

Welches Datum haben wir heute? [벨헤스 다툼 하벤 비어 호이테]　오늘은 며칠입니까?
welches Datum ist heute? [벨헤스 다툼 이스트 호이테]　오늘은 며칠입니까?
Heute ist der 26. Mai. [호이테 이스트 데어 젝스운트츠반치히스테 마이]　오늘은 5월 26일이다.
Heute haben wir den 26. Mai. [호이테 하벤 비어 덴 젝스운트츠반치히스텐 마이]
오늘은 5월 26일입니다.

＊ 일, 월, 년 순으로 말하고, 날짜는 서수를 사용한다. 그리고 항상 전치사 an과 정관사를 함께 사용한다. 아래 예문에서 am[암]은 an dem의 결합형이다.

137

A: Wann sind Sie geboren? [반 진트 지 게보렌]   당신은 언제 태어나셨습니까?
B: Ich bin am 11. März 1995 geboren.
　　[이히 빈 암 엘프텐 매르츠 노인첸훈데르트퓐프운트노인치히 게보렌]
　　나는 1995년 3월 11일에 태어났습니다.

★ Monat [모나트] 월

1월	2월	3월	4월	5월	6월
Januar [야누아]	Februar [페브루아]	März [매르츠]	April [아프릴]	Mai [마이]	Juni [유니]
7월	8월	9월	10월	11월	12월
Juli [율리]	August [아우구스트]	September [젭템버]	Oktober [옥토버]	November [노벰버]	Dezember [데쳄버]

◆ **Heute ist mein Geburtstag**

생일을 말하는 표현으로 Heute habe ich Geburtstag. [호이테 하베 이히 게부르츠탁] 이라고
도 한다.

◆ **Herzlichen Glückwunsch zum Geburtstag!**

'생일 축하한다'는 표현이다.

　　Alles gute zum Geburtstag! [알레스 구테 춤 게부르츠탁]
　　너의 생일에 행운을 빌어! (생일 축하해!)
　　Ich gratuliere dir zum Geburtstag! [이히 그라투리레 디어 춤 게부르츠탁]
　　나는 너의 생일을 축하해!

응용 회화

A Was machen Sie am Wochenende?
바스 마헨 지 암 보헨엔데

B Am Samstag treffe ich meinen Freund.
암 존탁 트레페 이히 마이넨 프로인트

Und wir gehen ins Kino.
운트 비어 게엔 인스 키노

A Was machen Sie am Sonntag?
바스 마헨 지 암 존탁

B Am Sonntag bleibe ich zuhause.
암 존탁 블라이베 이히 추하우제

Ich räume die Wohnung auf und mache die Hausaufgabe.
이히 로이메 디 보눙 아우프 운트 마헤 디 하우스아우프가베

A : 당신은 주말에 무엇을 하실 거예요?

B : 토요일에 나는 친구를 만날 거예요.

　　그리고 우리는 영화관에 갈 거예요.

A : 일요일에는 뭐하세요?

B : 일요일에는 집에 있을 거예요.

　　저는 집을 청소하고 숙제를 할 거예요.

새 단어

Wochenende 보헨엔데 ⓝ 주말

Samstag 잠스탁 ⓜ 토요일

treffen 트레펜 만나다

Freund 프로인트 ⓜ 남자 친구

ins 인스 in das의 결합형

Kino 키노 ⓝ 영화관, 극장

machen 마헨 행하다, 만들다

Sonntag 존탁 ⓜ 일요일

bleiben 블라이벤 머무르다, 체류하다

aufräumen 아우프로이멘 청소하다

Hausaufgabe 하우스아우프가베 ⓕ 숙제, 과제

해 설

◆ Was machen Sie?

상대방이 무엇을 하는지 물을 때 쓰는 표현이다. 오늘 무엇을 하는지 물을 때는 Was machen Sie heute?[바스 마헨 지 호이테]라고 말한다.

Was machen Sie am Montag? [바스 마헨 지 암 몬탁]   당신은 월요일에 무엇을 하십니까?

Was machen Sie heute? [바스 마헨 지 호이테]   당신은 오늘 무엇을 하십니까?

Ich treffe meine Freunde. [이히 트레페 마이네 프로인데]   나는 나의 친구들을 만난다.

◆ treffen

'만나다'라는 뜻으로 4격 목적어를 갖는다. 따라서 Ich treffe meinen Freund.에서 Freund 가 남성명사이기 때문에 소유관사 mein 에 어미 –en 이 붙었다.

	남성	여성	중성	복수
4격	meinem	meine	mein	meine

◆ ins

in das 의 결합형

Ich gehe ins Theater [이히 게에 인스 테아터]   나는 극장에 간다.

1 다음 단어의 우리말 뜻을 쓰세요.

  1. heute _ _ _ _ _ _ _ _ _ _ _ _ _ _ _ _ _ _ _

  2. herzlich _ _ _ _ _ _ _ _ _ _ _ _ _ _ _ _ _ _ _

  3. Wochenende _

  4. treffen _ _ _ _ _ _ _ _ _ _ _ _ _ _ _ _ _ _

  5. bleiben _ _ _ _ _ _ _ _ _ _ _ _ _ _ _ _ _ _

2 빈칸에 알맞은 독일어를 쓰세요.

  1. _ _ _ _ _ _ _ _ _ Tag haben wir heute?   오늘은 무슨 요일입니까?

  2. _ _ _ _ _ _ _ _ Tag ist heute?   오늘은 무슨 요일입니까?

  3. _ _ _ _ _ _ _ _ Datum haben wir heute?   오늘은 며칠입니까?

  4. _ _ _ _ _ _ _ _ Glückwunsch zum Geburtstag.   생일을 진심으로 축하합니다.

  5. Ich gehe _ _ _ _ _ _ _ _ _ Kino.   나는 영화관에 간다.

정답

1 1. 오늘   2. 진심의, 진정한   3. 주말   4. 만나다   5. 머무르다, 체류하다

2 1. Welchen   2. Welcher   3. Welches   4. Herzlichen   5. ins

141

der Kalender 칼렌더 달력

Sonntag	Montag	Dienstag
	1 der erste [데어 에르스테]	**2** der zweite [데어 쯔바이테]
7 der siebte [데어 집테]	**8** der achte [데어 아흐테]	**9** der neunte [데어 노인테]
14 der vierzehnte [데어 피어첸테]	**15** der fünfzehnte [데어 퓐프첸테]	**16** der sechzehnte [데어 제히첸테]
21 der einund zwanzigste [데어 아인운트츠반치히스테]	**22** der zweiund zwanzigste [데어 츠바이운트쯔반츠히스테]	**23** der dreiund zwanzigste [데어 드라이운트츠반치히스테]
28 der achtund zwanzigste [데어 아흐트운트츠반치히스테]	**29** der neunund zwanzigste [데어 노인운트츠반치히스테]	**30** der dreißigste [데어 드라이씨히스테]

Mittwoch	Donnerstag	Freitag	Samstag
3 der dritte [데어 드리테]	**4** der vierte [데어 피어테]	**5** der fünfte [데어 퓐프테]	**6** der sechste [데어 젝스테]
10 der zehnte [데어 첸테]	**11** der elfte [데어 엘프테]	**12** der zwölfte [데어 츠뵐프테]	**13** der dreizehnte [데어 드라이첸테]
17 der siebzehnte [데어 집첸테]	**18** der achzehnte [데어 아흐트첸테]	**19** der neunzehnte [데어 노인첸테]	**20** der zwanzigste [데어 츠반치히스테]
24 der vierund zwanzigste [데어 피어운트츠반치히스테]	**25** der fünfund zwanzigste [데어 퓐프운트츠반치히스테]	**26** der sechsund zwanzigste [데어 젝스운트츠반치히스테]	**27** der siebenund zwanzigste [데어 지벤운트츠반치히스테]
31 der einund dreißigste [데어 아인운트드라이씨히스테]			

Tag 14 Wie ist das Wetter?

기본 회화

A Wie ist das Wetter heute?

비 이스트 다스 베터 호이테

B Das Wetter ist schön. Es ist sonnig.

다스 베터 이스트 쉔. 에스 이스트 존니히

A In Busan regnet es jetzt.

인 부산 레그네트 에스 옛츠트

B Es regnet morgen.

에스 레그네트 모르겐

A Wie viel Grad werden es morgen?

비 필 그라트 베르던 에스 모르겐

B Es werden circa 6 Grad.

에스 베르던 찌르카 젝스 그라트

A Ach so. Es ist noch kalt.

아흐 조. 에스 이스트 노흐 칼트

A : 오늘 날씨가 어때요?

B : 날씨가 좋아요. 화창해요.

A : 부산에는 지금 비가 오고 있어요.

B : 내일은 비가 와요.

A : 내일은 몇 도예요?

B : 6도예요.

A : 아, 네. 아직 춥군요.

wie 비 어떻게

heute 호이테 오늘

sonnig 존니히 화창한, 해가 나는

regnet 레그네트 비 오다 (기본형 regnen)

Wetter 베터 ⓝ 날씨

jetzt 예츠트 지금

morgen 모르겐 내일

viel 필 많은

Grad 그라트 ⓜ 온도, 도

ach 아흐 아, 오 (감탄사)

kalt 칼트 추운, 차가운

해 설

◆ 날씨 묻고 답하기

날씨를 물어볼 때는 Wie ist das Wetter? 라고 묻는다. 이에 답하여 날씨를 표현할 때에는
Das Wetter ist ∼, 혹은 Es ist ∼로 표현하기도 한다.

Wie ist das wetter? [비 이스트 다스 베터] 날씨 어때?

Das Wetter ist kalt. [에스 이스트 칼트] 날씨가 춥다.

Es ist windig. [에스 이스트 빈디히] 바람이 분다.

Die Sohne scheint. [디 존네 샤인트] 해가 비춘다.

Es ist bewölkt. [에스 이스트 베뵐크트] 구름이 꼈다.

날 씨		
Regen [레겐] 비	Wind [빈트] 바람	Schnee [슈네] 눈
Wolke [볼케] 구름	Blitz [블리츠] 번개	Nebel [네블] 안개
Donner [도너] 천둥	Hagel [하겔] 우박	Sturm [슈투름] 폭풍우
Eis [아이스] 얼음	(Regen)schauer [(레겐)샤유어] 소나기	

* 지역에 따른 날씨를 말할 때에는 Im Norden ist es kalt.[임 노르덴 이스트 에스 칼트] '북쪽은 춥다.'라고 표현한다.

북쪽에는 전치사 in 을 사용한다.

> in + 정관사 3격 = in dem = im

im Norden [임 노르덴] 북쪽에

im Süden [임 쥐덴] 남쪽에

im Osten [임 오스텐] 동쪽에

im Westen [임 베스텐] 서쪽에

Im Süden ist es warm. [임 쥐덴 이스트 에스 바름] 남쪽은 따뜻하다.

Im Osten ist es sonnig. [임 오스텐 이스트 에스 존니히] 동쪽은 화창하다.

Wie ist das Wetter in Korea? [비 이스트 다스 베터 인 코레아] 한국은 날씨가 어때?

Im Frühling ist es in Korea warm. [인 프뤼링 이스트 에스 인 코레아 바름]
봄에 한국은 날씨가 따뜻해.

Im Sommer ist es heiβ. [임 좀머 이스트 에스 하이스] 여름에는 더워.

Im Herbst ist es kühl. [임 헤어스트 이스트 에스 퀼] 가을에는 시원해.

Im Winter ist es kalt. [임 빈터 이스트 에스 칼트] 겨울에는 추워.

★ **Jahreszeit** [야레스차이트] **사계절**

봄	여름	가을	겨울
Frühling [프뤼링]	Sommer [좀머]	Herbst [헤릅스트]	Winter [빈터]

◆ **온도 묻고 답하기**

온도가 몇 도인지 물을 때에는 Wie viel Grad sind es? [비 필 그라트 진트 에스]라고 표현한다.

Wie viel Grad sind es? [비 필 그라트 진트 에스] 몇 도입니까?

Es sind 7 Grad. [에스 이스트 지벤 그라트] 7도입니다.

응용 회화

A   Wie viel Grad sind es heute?
비 필 그라트 진트 에스 호이테

B   Es sind 30 Grad.
에스 진트 드라이씨히 그라트

A   Es ist heiß.
에스 이스트 하이쓰

Ich möchte eine Reise machen.
이히 뫼히테 아이네 라이제 마헨

B   Wohin möchten Sie fahren?
보힌 뫼히텐 지 파렌

A   Ich möchte nach Busan fahren.
이히 뫼히테 나흐 부산 파렌

Ich kann am Meer sitzen und ein Buch lesen.
이히 칸 암 메어 지첸 운트 아인 부흐 레젠

B   Schön.
쉔

A : 오늘은 몇 도입니까?

B : 30도예요.

A : 덥군요. 나는 여행을 하고 싶어요.

B : 어디로 가고 싶어요?

A : 나는 부산으로 가고 싶어요.

　　나는 해변에 앉아서 책을 읽을 수 있어요.

B : 멋지군요.

Tag
14

 새 단어

heiß 하이쓰 더운, 뜨거운		Meer 메어 ⒩ 바다	
Reise 라이제 ⒡ 여행		sitzen 지첸 앉다	
möchte 뫼히테 ∼하고 싶다 (기본형 möchten)		Buch 부흐 ⒩ 책	
fahren 파렌 가다, 향하다		lesen 레젠 읽다	
kann 칸 ∼할 수 있다 (기본형 können)		schön 쉔 멋진, 아름다운	

해설

◆ **eine Reise machen**

'여행을 하다'라는 뜻이다. '여행하다'라는 동사는 reisen 이다. 동사 fahren 은 '향하다, 가다'라는 뜻인데, 걷는 것이 아니라 교통수단을 이용해서 움직일 때 쓴다. 이 동사들은 인칭에 따라서 변화할 때에 움라우트가 붙는다. 이외에도 einladen 등이 있다.

		fahren [파렌] 가다	laufen [라우펜] 달리다	einladen [아인라덴] 초대하다
단수	ich	fahre [파레]	laufe [라우페]	lade ein [라데 아인]
	du	fährst [페어스트]	läufst [로잎스트]	lädst ein [래스트 아인]
	er/sie/es	fährt [페어트]	läuft [로이프트]	lädt ein [래트 아인]
복수	wir	fahren [파렌]	laufen [라우펜]	laden ein [라덴 아인]
	ihr	fahrt [파아트]	lauft [라우프트]	ladet ein [라데트 아인]
	Sie/sie	fahren [파렌]	laufen [라우펜]	laden ein [라덴 아인]

148 이것이 독학 독일어 첫걸음이다!

Du fährst nach Busan. [두 펠스트 나흐 부산] 너는 부산으로 간다.

Er läuft schnell. [에어 로이프트 쉬넬] 그는 빨리 달린다.

Sie lädt mich ein. [지 래트 미히 아인] 그녀는 나를 초대한다.

◆ **wohin**

'어디로'라는 뜻으로 방향을 나타낸다.

Wohin gehen Sie? [보힌 게언 지] 어디로 가십니까?

Ich gehe ins Kino. [이히 게어 인스 키노] 나는 영화관에 갑니다.

Ich gehe zum Arzt. [이히 게어 춤 아르쯔트] 나는 병원에 갑니다.

Ich gehe nach Hause. [이히 게어 나흐 하우제] 나는 집으로 갑니다.

◆ **Ich kann am Meer sitzen und ein Buch lesen.**

und [운트] 다음에 ich kann이 중복되므로 생략되었다. 원래 문장은 Ich kann ein Buch
lesen.이다. lesen 동사는 4격 목적어를 가지므로 부정관사 ein을 쓴다.
am Meer는 '해변에서'라는 뜻으로, an dem은 am으로 축약할 수 있다.

단수	ich	lese [레제]	복수	wir	lesen [레젠]
	du	liest [리스트]		ihr	leset [레제트]
	er/sie/es	liest [리스트]		sie/Sie	lesen [레젠]

평가 테스트 Übungen

🐟 **1** 다음 단어의 우리말 뜻을 쓰세요.

1. Wetter _____

2. Grad _____

3. lesen _____

4. Reise _____

5. Nord _____

🐟 **2** 빈칸에 알맞은 독일어를 쓰세요.

1. _____ ist das Wetter heute? 오늘 날씨가 어떻습니까?

2. _____ gehen Sie? 어디로 가십니까?

3. Es _____ morgen. 내일은 비가 옵니다.

4. Ich fahre _____ Busan. 나는 부산으로 갑니다.

5. Es _____ 24 Grad. 24도입니다.

 정답

| **1** | 1. 날씨 | 2. 온도, 도 | 3. 읽다 | 4. 여행 | 5. 북쪽 |
| **2** | 1. Wie | 2. Wohin | 3. regnet | 4. nach | 5. sind |

das Wetter 베터 날씨

kalt
칼트 **추운**

heiß
하이쓰 **더운**

sonnig
존니히 **화창한**

kühl
퀼 **시원한**

warm
바름 **따뜻한**

frisch
프리쉬 **상쾌한**

bewölkt
베뵐크트 **구름 낀**

nebulös
네불뢰스 **안개 낀**

windig
빈디히 **바람이 부는**

trüb
트륍 **흐린**

scheinen
샤이넨 **해가 비추다**

regnen
레그넨 **비가 오다**

schneien
쉬나이엔 **눈이 오다**

Was sind Ihre Hobbys?

 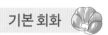

A   Was sind Ihre Hobbys?

바스 진트 이어레 호비스

B   Schwimmen und Fußball spielen.

슈빔멘 운트 푸스발 슈필렌

      Was machen Sie in Ihrer Freizeit?

바스 마헨 지 인 이어러 프라이차이트

A   Ich höre Musik oder treibe gern Sport.

이히 회레 무직 오더 트라이베 게른 슈포르트

B   Lesen Sie auch gern?

레젠 지 아우흐 게른

A   Ja, ich lese gern.

야, 이히 레제 게른

A : 당신은 취미가 무엇입니까?

B : 수영과 축구예요.

여가 시간에는 무엇을 하세요?

A : 저는 음악을 듣거나 운동을 해요.

B : 독서도 좋아하세요?

A : 네, 나는 책 읽기도 좋아해요.

Hobby 호비 ⓝ 취미	**Musik** 무직 ⓕ 음악, 악곡
schwimmen 슈빔멘 수영하다	**treiben** 트라이벤 움직이다, 이동시키다
Fußball 푸스발 ⓜ 축구, 축구공	**Sport** 슈포르트 ⓜ 운동
spielen 슈필렌 놀이하다, 연주하다, 경기하다	**Ihr** 이어 당신의
Freizeit 프라이차이트 ⓕ 여가, 휴식 시간	**oder** 오더 혹은
machen 마헨 만들다, (행)하다	**lesen** 레젠 (책을) 읽다
hören 회렌 듣다	**gern** 게른 기꺼이

해설

◆ **취미 묻고 답하기**

취미를 물어볼 때는 Was sind Ihre Hobbys?라고 표현한다. Hobby를 단수로 쓸 경우에는 Was ist Ihr Hobby? [바쓰 이스트 이어 호비] 라고 말하기도 한다.

친구들이나 친밀한 사이에서 이야기할 때에는 du로 칭한다. Was ist dein Hobby? [바쓰 이스트 다인 호비], Was sind deine Hobbys? [바쓰 진트 다이네 호비즈]

Was sind seine Hobbys? [바쓰 진트 자이네 호비즈] 그의 취미는 무엇입니까?
Seine Hobbys sind Lesen und Musik hören.
[자이네 호버즈 진트 레젠 운트 무직 회렌] 그의 취미는 책 읽기와 음악 감상입니다.

Was sind ihre Hobbys? [바쓰 진트 이어레 호비즈] 그녀의 취미는 무엇입니까?
Ihre Hobbys sind Tennis spielen und Ski fahren.
[이어레 호비 진트 테니스 슈필렌 운트 쉬 파렌] 그녀의 취미는 테니스 치기와 스키 타기입니다.

＊ **취미를 묻는 다른 표현**

Was machen Sie in Ihrer Freizeit? [바스 마헨 지 인 이어러 프라이차이트]
당신은 여가시간에 무엇을 합니까?
Was machen Sie in der Freizeit? [바스 마헨 지 인 데어 프라이차이트]
당신은 여가시간에 무엇을 합니까?

여기서 in der Freizeit[인 데어 프라이차이트]는 '여가 시간에'라는 표현이다.

Was machst du in der Freizeit? [바스 마흐스트 두 인 데어 프라이차이트]
너는 여가 시간에 무엇을 하니?
Was macht er in der Freizeit? [바스 마흐트 에어 인 데어 프라이차이트]
그는 여가 시간에 무엇을 합니까?

◆ **Schwimmen und Fußball spielen**

meine Hobbys sind가 생략되었다. 원래 문장은 Meine Hobbys sind schwimmen und Fußball spielen.[마이네 호비즈 진트 슈빔멘 운트 푸스발 슈필렌] '나의 취미는 수영하기와 축구하기입니다.'이다.

◆ **Lesen Sie auch gern?**

'독서를 기꺼이 하십니까?'라는 뜻으로, gern을 써서 독서를 좋아하는지 묻는 표현이다.

Ich treibe gern Sport. [이히 트라이베 게른 슈포르트]　나는 운동을 좋아합니다.
Ich koche gern. [이히 코헤 게른]　나는 요리를 좋아한다.

Treiben Sie gern Sport? [트라이벤 지 게른 슈포르트]　운동하는 것을 좋아합니까?
Ja, besonders fahre ich gern Fahrrad. [야 베존더스 파레 이히 게른 파라트]
네, 특히 자전거 타는 것을 좋아합니다.

취 미

schwimmen [슈빔먼]　수영	fotografieren [포토그라피런]　사진
Gitarre spielen [기타레 슈필런]　기타	Fußballspiel [푸스발슈필]　축구
spazieren gehen [슈파치런 게언]　산책	(Fahr)rad fahren [파라트 파런]　자전거
einkaufen gehen [아인카우펀 게언]　쇼핑	Computerspiel [콤푸터쉬필]　컴퓨터 게임
Fernsehen [페른제언]　TV 시청	im Internet surfen [임 인터넷 주르펀] 인터넷서핑

응용 회화

A Hast du heute etwas vor?

하스트 두 호이테 에트바스 포어

B Nein, noch nicht. Warum denn?

나인, 노흐 니히트. 바룸 덴

A Ich möchte mit dir zusammen ins Theater gehen.

이히 뫼히테 미트 디어 추잠멘 인스 테아터 게엔

B Schön! Gehen wir zusammen.

쇤! 게엔 비어 추잠멘

A Wo treffen wir uns? Um wie viel Uhr?

보 트레펜 비어 운스? 움 비 필 우어

B Um sechs Uhr. Ich hole dich ab.

움 제흐스 우어. 이히 홀레 디히 압

A : 너는 오늘 뭐 할지 계획 있어?

B : 아니, 아직 없어. 왜 그러는데?

A : 나는 너와 함께 극장에 가고 싶어.

B : 좋아! 같이 가자.

A : 우리 어디에서 만날까? 그리고 몇 시에?

B : 6시에. 내가 너를 데리러 갈게.

Tag 15

새 단어

Hast 하스트 가지다 (기본형 haben)	Theater 테아터 ⑪ 극장, 연극
etwas 에트바스 무엇, 어떤 것	treffen 트레펜 만나다
vorhaben 포어하벤 의도하다, 계획하다	Uhr 우어 시, 시계
warum 바룸 왜	sechs 젝스 숫자 6
zusammen 추잠멘 함께, 같이	abholen 압홀렌 데리러 가다

해설

◆ **Hast du heute etwas vor?**

상대방의 일정을 물어볼 때 쓰는 표현이다.

> Hast du am samstag etwas vor? [하스트 두 암 잠스탁 에트바스 포어]
> 너는 토요일에 일정이 있어?
>
> Ja, am Samstag habe ich etwas vor. [야, 암 잠스탁 하베 이히 에트바스 포어]
> 응, 나는 토요일에 일정이 있어.
>
> Am Nachmittag hat er etwas vor. [암 나흐미탁 하트 에어 에트바스 포어]
> 그는 오후에 일정이 있다.

◆ **분리동사**

vorhaben은 '의도하다, 계획하다'라는 뜻으로 동사가 분리되는 분리동사이다. vor와 haben으로 분리되며 vor는 문장의 맨 뒤에 놓인다.
분리동사에서 분리 전철의 종류는 전치사, 부사, 형용사, 명사, 동사가 있다.

1) 전치사 + 동사

vorhaben [포어하벤] 계획하다	vor + haben	nachschauen [나흐샤우엔] 확인해 보다	nach + schauen
mitkommen [미트콤멘] 함께 오다	mit + kommen	anbieten [안비텐] 제공하다	an + bieten
zuschicken [추쉭켄] 보내다	zu + schicken	aufmachen [아우프마헨] 열다	auf + machen

2) 부사 + 동사

dastehen [다슈테엔] 서 있다	da + stehen	herkommen [헤어콤멘] 이리로 오다	her + kommen
hinkommen [힌콤멘] 거기로 가다	hin + kommen	zurückfahren [추뤽파렌] 돌아가다	zurück + fahren

3) 형용사 + 동사

stillstehen [슈틸슈테엔] 정지하다, 멈추어 있다	still + stehen	freihalten [프라이할텐] 비워 놓다	frei + halten
feststellen [페스트슈텔렌] 규명하다	fest + stellen	hochtragen [호흐트라겐] 위로 운반하다	hoch + tragen

4) 명사 + 동사

teilnehmen [타일네멘] 참여하다	teil + nehmen	stattfinden [슈타트핀덴] 발생하다, 개최하다	statt + finden

5) 동사 + 동사

spazierengehen [슈파치에렌게엔] 산책하다	spazieren + gehen	stehenbleiben [슈테엔블라이벤] 정지하다	stehen + bleiben

◆ 분리동사 abholen, anfangen

Ich hole dich ab.에서 '데리러 가다'라는 뜻의 abholen 동사 역시 분리동사이다. 따라서 분리전철 ab이 문장의 맨 뒤에 위치하고 있다.

Wann fängt das Theater an?[반 팽트 다스 테아터 안]에서 동사 anfangen[안팡엔] 역시 분리동사이다. an과 fangen으로 분리되고 전철 an은 문장의 마지막에 놓인다.

Wir holen ihm ab. [비어 홀렌 임 압] 우리가 그를 데리러 간다.
Der Unterricht fängt um neun Uhr an. [데어 운터리히트 팽트 움 노인 우어 안]
그 수업은 9시에 시작한다.

◆ mit

'~와 함께'라는 뜻으로 3격 지배 전치사이다.

Ich spreche mit ihm. [이히 슈프레혜 미트 임] 나는 그와 이야기한다.
Ich telefoniere mit meiner Mutter. [이히 텔레포니레 미트 마이너 무터]
나는 나의 어머니와 통화한다.

◆ um

시간을 말할 때에는 시각 앞에 전치사 um을 쓴다.

Um acht Uhr stehe ich auf. [움 아흐트 우어 슈테에 이히 아우프] 나는 8시에 일어난다.

1 다음 단어의 우리말 뜻을 쓰세요.

1. schwimmen _____

2. Fuβball spielen _____

3. vorhaben _____

4. anfangen _____

5. Freizeit _____

2 빈칸에 알맞은 독일어를 쓰세요.

1. Haben Sie heute etwas _____? 당신은 오늘 일정이 있으세요?

2. Was sind deine _____? 너는 취미가 뭐야?

3. Was _____ Sie in der Freizeit? 여가 시간에는 무엇을 하세요?

4. Lesen Sie _____? 독서 좋아하세요?

5. Ich _____ dich _____. 내가 너를 데리러 갈게.

1 1. 수영하다   2. 축구하다   3. 계획하다   4. 시작하다   5. 여가 시간
2 1. vor   2. Hobbys   3. machen   4. gern   5. hole, ab

das Hobby 호비 취미

Kochen 코헨 ⓝ 요리

Modellierung

모델리룽 ⓕ **모형 제작**

Origami

오리가미 ⓝ **종이접기**

Sticken

슈틱켄 ⓕ **자수**

Tanzen

탄젠 ⓕ **댄스**

Angeln

앙엘른 ⓝ **낚시**

Reise

라이제 ⓕ **여행**

Malen 말렌

ⓝ **그림 그리기**

Fotografieren

포토그라피렌 ⓝ **사진 촬영**

Briefmarken sammeln

브리프마르켄 잠멜른 (f) 우표 수집

Puzzeln

푸젤른 (n) 퍼즐

Kalligrafie

칼리그라피 (f) 서예

Go 고 (n) 바둑

Schach spielen

샤흐 슈필런 (n) 체스

Blumen binden

블루멘 빈덴 (n) 꽃꽂이

Ich will Deutsch lernen.

기본 회화

A   Sie können gut Englisch sprechen.

      지 쾬넨 굳 앵글리쉬 슈프레헨

B   Danke schön.

      당케 쉰

A   Sprechen Sie auch Deutsch?

      슈프레헨 지 아우흐 도이치

B   Nein, ich kann kein Deutsch sprechen.

      나인, 이히 칸 카인 도이치 슈프레헨

     Ich will Deutsch lernen, aber ich habe keine Zeit.

      이히 빌 도이치 레르넨, 아버 이히 하베 카이네 차이트

A   In der Volkshochschule gibt es einen Abendkurs.

      인 데어 폴크스호흐슐레 깁트 에스 아이넨 아벤트쿠어스

B   Wie viel kostet die Kursgebühr?

      비 필 코스테트 디 쿠어스게뷔어

A   Ich weiß es nicht genau. Aber sicher nicht teuer.

      이히 바이스 에스 니히트 게나우 아버 지혀 니히트 토이어

A : 영어를 잘하시네요.

B : 감사합니다.

A : 독일어도 말하시나요?

B : 아니요, 저는 독일어는 못 해요.

     저는 독일어를 배우고 싶지만 시간이 없어요.

A : 평생교육원에 저녁 강좌가 있어요.

B : 수업료는 얼마인가요?

A : 저도 정확히는 모르겠지만 비싸지는 않아요.

können 퀜넨 ~할 수 있다

sprechen 슈프레헨 말하다

Deutsch 도이치 독일어

lernen 레르넨 배우다

aber 아버 그러나

habe 하베 가지다 (기본형 haben)

keine 카이네 없는, ~않는

Volkshochschule 폴크스호흐슐레 Ⓕ 지역문화센터
(약어 VHS)

es gibt 에스 깁트 ~가 있다, 존재하다

Abendkurs 아벤트쿠어스 Ⓜ 저녁 강좌

kostet 코스테트 값이 ~이다 (기본형 Kosten)

Kursgebühr 쿠어스게뷔어 Ⓕ 강좌료

genau 게나우 정확한

sicher 지허 안전한, 확실한

teuer 토이어 값비싼

해 설

◆ **Sie können gut Englisch sprechen.**

können 동사는 화법조동사이기 때문에 동사 sprechen이 문장의 맨 마지막에 위치했다.
Ich will Deutsch lernen.의 문장에서 will 역시 화법조동사이다. 기본형은 wollen[볼렌]
이다. wollen 화법조동사는 주어의 '의지'나 '계획'(~하려고 한다), '희망'(~하고 싶다)을 나
타낸다. 그리고 주어의 인칭에 따라서 형태가 변화한다.

단수			복수		
	ich	will [빌]		wir	wollen [볼렌]
	du	willst [빌스트]		ihr	wollt [볼트]
	er/sie/es	will [빌]		Sie/sie	wollen [볼렌]

Ich will nach Seoul fahren. [이히 빌 나흐 서울 파렌]   나는 서울로 갈 것이다.
Ich will im Schwimmbad schwimmen. [이히 빌 임 슈빔바트 슈빔멘]
나는 수영장에서 수영을 하고 싶다.

◆ **Sprechen Sie ~?**

언어를 할 줄 아는지 물어볼 때 쓰는 표현이다.

Sprechen Sie Koreanisch?[슈프레헨 지 코레아니쉬]　한국어를 말할 줄 아세요?

Sprechen Sie Italienisch?[슈프레헨 지 이탈리니쉬]　이태리어를 말하세요?

Sprechen Sie Spanisch?[슈프레헨 지 슈파니쉬]　스페인어를 말하세요?

◆ **Ich habe keine Zeit.**

'시간이 없다'는 표현으로 명사 Zeit 앞에 kein을 붙여 부정의 의미를 나타냈다. Ich kann kein Deutsch sprechen의 문장에서도 명사 Deutsch 앞에 kein을 붙여서 '독일어를 말할 줄 모름'을 의미했다. kein은 격에 따라서 부정관사 ein과 같은 형태로 변화한다.

	남성	여성	중성
1	(k)ein [아인 (카인)]	(k)eine [아이네 (카이네)]	(k)ein [아인 (카인)]
2	(k)eines [아이네스 (카이네스)]	(k)einer [아이너 (카이너)]	(k)eines [아이네스 (카이네스)]
3	(k)einem [아이넴 (카이넴)]	(k)einer [아이너 (카이너)]	(k)einem [아이넴 (카이넴)]
4	(k)einen [아이넨 (카이넨)]	(k)eine [아이네 (카이네)]	(k)ein [아인 (카인)]

◆ **Volkshochschule**

'시민학교'를 말한다. 주나 시에서 운영하는 지역 주민들을 위한 문화센터이다. 운동·미술· 언어 등 다양한 교육을 저렴하게 받을 수 있다.

◆ **es gibt ~**

'있다', '존재하다'라는 뜻이다. 주어가 3인칭 단수인 es가 와서 동사 geben[게벤]이 gibt 로 변화했다. Es gibt ~ 다음에는 4격으로 쓴다.

	ich	gebe [게베]		wir	geben [게벤]
단수	du	gibst [깁스트]	복수	ihr	gebt [겝트]
	er/sie/es	gibt [깁트]		Sie/sie	geben [게벤]

Es gibt ein Kind. [에스 깁트 아인 킨트] 아이가 한 명 있다.

Es gibt einen Apfel. [에스 깁트 아이넨 아펠] 사과가 한 개 있다.

Es gibt eine Tasche. [에스 깁트 아이네 타쉐] 가방이 하나 있다.

◆ **Ich weiß es nicht.**

'나는 알지 못한다.'라는 뜻이다. 주어가 ich이므로 동사 wissen[비쎈]이 weiß[바이쓰]로 변화하였다. 불규칙 변화형임에 주의하자.

	ich	weiß [바이쓰]		wir	wissen [비쎈]
단수	du	weißt [바이쓰트]	복수	ihr	wisst [비쓰트]
	er/sie/es	weiß [바이쓰]		Sie/sie	wissen [비쎈]

Er weiß nichts. [에어 바이쓰 니히츠] 그는 아무것도 알지 못한다.

Du weißt die Antwort. [두 바이쓰트 디 안트보르트] 너는 그 대답을 안다.

Wissen ist Macht. [비쎈 이스트 마흐트] 아는 것이 힘이다. (wissen ⓝ 앎, 지식)

◆ **Aber sicher nicht teuer**

이 문장에서 sicher는 '믿을 수 있는, 확실한, 확실하게'의 뜻이다.

Er kommt ganz sicher. [에어 콤트 간츠 지혀] 그는 확실히 온다.

Sicher ist sicher. [지혀 이스트 지혀] 안전이 제일이다.

Ich bin sicher. [이히 빈 지혀] 나는 확신한다.

응용 회화

A   Hast du am Samstag Zeit?

하스트 두 암 잠스탁 차이트

Am Samstag habe ich Geburtstag.

암 잠스탁 하베 이히 게부르츠탁

Ich möchte dich einladen.

이히 뫼히테 디히 아인라덴

B   Ich danke dir für die Einladung!

이히 당케 디어 퓌어 디 아인라둥

Ich will da gern kommen.

이히 빌 다 게른 콤멘

Was für ein Geschenk möchtest du?

바스 퓌어 아인 게쉔크 뫼히테스트 두

A   Ich möchte einen guten Wein.

이히 뫼히테 아이넨 구텐 바인

A : 너는 토요일에 시간 있어?

나는 토요일에 생일이야.

나는 너를 초대하고 싶어.

B : 초대해 줘서 고마워!

나는 기꺼이 갈 거야!

너는 어떤 선물을 원해?

A : 나는 좋은 와인을 원해.

einladen 아인라덴 초대하다, 초청하다

danken für 당케 퓌어 ～대하여 감사하다

Geschenk 게쉥크 ⓜ 선물

Wein 바인 ⓜ 와인

schenken 쉥켄 선물하다

Samstag 잠스탁 ⓜ 토요일

Zeit 차이트 ⓕ 시간

guten 굳 좋은 (gut의 형용사 활용형)

해설

◆ Hast du am Samstag Zeit?

시간이 있는지 물어보는 표현이다. am Samstag은 '토요일에'라는 뜻이다. 요일 앞에는 전치사 am을 쓴다. am은 an dem의 결합형이다.

am Sonntag [암 존탁] 일요일에
am Montag [암 몬탁] 월요일에

◆ 동사 einladen

동사 einladen은 분리동사이고 4격 목적어를 갖는다.

Ich lade dich ein. [이히 라데 디히 아인] 나는 너를 초대한다.
Wir möchten ihn zum Essen einladen. [비어 뫼히텐 인 줌 에쎈 아인라덴]
우리는 그를 식사에 초대하고 싶다.

◆ danken jemandem für etwas

'～에게 ～에 대해서 감사하다'라는 뜻이다. für는 4격 목적어를 갖는다.
deine Einladung [다이네 아인라둥]에서 명사 Einladung이 여성이고 4격으로 쓰였으므로
소유관사 dein [다인]에 -e가 붙었다.

Wir danken Ihnen für Ihre Einladung. [비어 당켄 이넨 퓌어 이어레 아인라둥]
우리는 당신의 초대에 대해서 당신에게 감사하고 있습니다.

◆ **Ich will da gern kommen.**

화법조동사 wollen을 써서 '가고자 한다', '갈 것이다'라는 주어의 욕구 · 의지를 나타내고 있다. 주어가 1인칭 단수인 ich이므로 wollen이 will로 변화하였다.

◆ **was für**

'어떤 종류', '무슨'의 뜻이다. 〈was für+ein+명사〉의 순서로 쓰고, 명사의 성과 격에 따라서 ein은 부정관사 변화를 한다.

　　Was für ein Mann ist er? [바스 퓌어 아인 만 이스트 에어]　그 남자는 어떤 사람입니까?
　　Was für einen Film willst du sehen? [바스 퓌어 아이넨 필름 빌스트 두 제엔]
　　너는 어떤 영화를 보고 싶니?

Hallo, Deutschland

독일은 **축구** 강국이다. '전차군단'이라는 별명을 가진 독일 축구 국가대표팀은 FIFA월드컵에서 4번이나 우승을 차지했을 정도로 우수한 실력을 자랑한다. 1904년에 FIFA의 8번째 회원국이 된 이후 현재 독일 내에는 27,000여 개의 축구 클럽이 생겨났고 대략 650만 명 정도가 축구 클럽 회원으로 가입했을 정도로 많은 이들이 축구를 즐겨한다.

평가 테스트

🐟 **1** 다음 단어의 우리말 뜻을 쓰세요.

1. wollen _____

2. einladen _____

3. Geschenk _____

4. danken für _____

5. schenken _____

🐟 **2** 빈칸에 알맞은 독일어를 쓰세요.

1. _____ ein Geschenk möchtest du haben? 너는 어떤 선물을 받고 싶어?

2. Ich lade dich _____. 나는 너를 초대한다.

3. Ich danke dir _____ deine Einladung. 나는 너의 초대에 대해 감사한다.

4. Hast du _____ Zeit? 너는 토요일에 시간이 있어?

5. Ich _____ dir den wein schenken. 내가 너에게 와인을 선물할게.

1 1. ～하고자 한다/～하고 싶다 2. 초대하다 3. 선물 4. ～에 대해 감사하다 5. 선물하다
2 1. Was Für   2. ein   3. für   4. am Samstag   5. will

169

der Sport 슈포르트 운동

Fußball 푸스발 ⓜ 축구

Basketball 바스케트 ⓜ /
Korbball 코릅발 ⓜ 농구

Tennis 테니스 ⓜ 테니스

Federballspiel 페더발슈필 ⓜ /
Badminton 배드민턴 ⓝ 배드민턴

Bowling 보우링 ⓜ 볼링

Tischtennis 티쉬테니스 ⓝ 탁구

Billard 빌랴트 ⓝ 당구

Golfspiel 골프슈필 ⓝ /
Golf 골프 ⓝ 골프

Ski 쉬 ⓜ 스키

Bergsport 베륵슈포르트 ⓜ 등산

Aerobic 애로빅 ⓝ 에어로빅

Fitness 피트네스 ⓕ 헬스

Joga 요가 ⓜ 요가

Schwimmen 슈빔멘 ⓝ 수영

Schlittschuhlauf 쉬리트슈라우프 ⓜ /
Eisfahren 아이스파런 ⓝ 스케이팅

Reiten
라이텐 ⓝ 승마

Was sind Sie von Beruf?

A   Was sind Sie von Beruf?

바스 진트 지 본 베루프

B   Ich bin Lehrer.

이히 빈 레러

A   Welches Fach unterrichten Sie?

벨헤스 파흐 운터리히텐 지

B   Ich unterrichte Deutsch.

이히 운터리히테 도이취

　　 Was machen Sie beruflich?

바스 마헨 지 베루프리히

A   Ich bin Beamter.

이히 빈 베암터

B   Arbeiten Sie im Rathaus?

아르바이텐 지 임 라트하우스

A   Nein, ich arbeite beim Arbeitsamt.

나인, 이히 아르바이테 바임 아르바이츠암트

A : 당신은 직업이 무엇입니까?

B : 저는 선생님입니다.

A : 무슨 과목을 가르치시나요?

B : 독일어를 가르칩니다.

　　 당신은 직업이 무엇인가요?

A : 저는 공무원입니다.

B : 시청에서 일하시나요?

A : 아니요, 저는 노동청에서 일합니다.

Beruf 베루프 ⓜ 직업, 직무

Lehrer 레러 ⓜ 선생님, 교사

Fach 파흐 ⓝ 수업 과목, 학과

unterrichten 운터리히텐 가르치다, 알려주다

beruflich 베루프리히 직업상의, 업무상의

Beamte 베암테 공무원, 관리

Rathaus 라트하우스 ⓝ 시청

Arbeitsamt 아르바이츠암트 ⓝ 노동청

arbeiten 아르바이텐 일하다

해설

◆ 직업 묻고 답하기

직업을 물어볼 때에는 Was sind Sie von Beruf? 또는 Was machen Sie beruflich? 라고 말한다. Beruf[베루프]는 '직업'이라는 뜻으로 남성명사이다. von Beruf[본 베루프]는 직업적으로 무슨 일을 하는지 표현할 때 쓴다.

Ich bin von Beruf Lehrer.[이히 빈 본 베루프 레러] 나는 선생님이다.

* 보통은 von Beruf를 생략하고 Ich bin Lehrer.[이히 빈 레러]라고 말한다.

Was für einen Beruf haben Sie? [바스 퓌어 아이넨 베루프 하벤 지]
어떤 직업을 가지고 계신가요?
Ich gebe meinen Beruf auf. [이히 게베 마이넨 베루프 아우프]
나는 직장을 그만두었습니다.

◆ Ich bin Leher

'나는 선생님이다.'라는 뜻이다. 직업을 말할 때에는 직업 명사 앞에 관사를 붙이지 않는다. 그러나 '나는 좋은 선생님이다.'라고 말할 때에는 Ich bin ein guter Leher.에서처럼 관사 ein을 붙인다. 즉, 그의 직업이 무엇인지 말하는 문장에서는 관사를 붙이지 않지만, 그가 어떤 사람인지 성격이나 특징을 말하는 문장에서는 관사를 붙인다.

Er ist Student. [에어 이스트 스튜덴트]　그는 학생이다.

Er ist ein fleißiger Student. [에어 이스트 아인 플라이씨거 스튜덴트]
그는 부지런한 학생이다.

Sie ist Tänzerin. [지 이스트 탠쳐린]　그녀는 무용수이다.

Sie ist eine berühmte Tänzerin. [지 이스트 아이네 베륌테 탠쳐린]
그녀는 유명한 무용수이다.

◆ Amt

독일어로 관공서는 Amt[암트] 이다.

Amt 관공서

Rathaus [라트하우스]	ⓝ 시청
Finanzamt [피난츠암트]	ⓝ 세무서
Postamt [포스트암트]	ⓝ 우체국
Arbeitsamt [아르바이츠암트]	ⓝ 노동청
Auswärtiges-Amt [아우스베르티게스암트] (A.A)	ⓝ 외무부

A Was machen Sie beruflich?

바스 마헨 지 베루프리히

B Ich bin Büroangestellter .

이히 빈 뷔로안게슈텔터

aber ich will den Beruf aufgeben.

아버 이히 빌 덴 베루프 아우프게벤

Ich möchte Sänger werden.

이히 뫼히테 쟁어 베르덴

A Wirklich? Können Sie gut singen?

비어클리히? 쾬넨 지 굳 징엔

B Ja, Ich kann gut singen.

야, 이히 칸 굳 징엔

A : 당신은 무슨 일을 하시나요?

B : 저는 회사원입니다.

   그러나 저는 그 일을 그만두고자 합니다.

   저는 가수가 되고 싶습니다.

A : 정말요? 당신은 노래를 잘하십니까?

B : 네, 그래요. 저는 노래를 잘 부릅니다.

새 단어

machen 마헨 만들다, (행)하다	werden 베르덴 ~이 되다
Büroangestellter 뷔로안게스텔터 ⓜ 사무원, 회사원	wirklich 비어클리히 정말로
gern 게른 기꺼이	können 쾬넨 할 수 있다
aufgeben 아우프게벤 그만두다, 중지하다	gut 굳 좋은, 우수한
Sänger 쟁어 ⓜ 가수	singen 징엔 노래하다

해설

◆ 화법조동사 wollen

'~하고자 한다'는 주어의 의지를 나타낸다.

Ich will Sänger werden. [이히 빌 쟁어 베르덴]   나는 가수가 되고자 한다.

◆ aufgeben

'중지하다, 그만두다'라는 뜻의 분리동사이다. 분리전철 auf [아우프]는 문장 맨 뒤에 위치한다.

Ich gebe die Hoffnung auf. [이히 게베 디 호프눙 아우프]   나는 희망을 버렸다.

◆ werden

'~이 되다'라는 뜻으로, 명사 · 형용사와 함께 쓴다.

Er wird bald Vater. [에어 빌트 발트 파터]   그는 곧 아버지가 된다.
Er ist größer geworden. [에어 이스트 그뢰써 게보르덴]   그는 더 자랐다.

◆ 화법조동사 können

주어의 능력과 가능성 · 추측을 나타낸다.

Er kann gut Fußball spielen. [에어 칸 굳 푸스발 슈필렌]   그는 축구를 잘할 수 있다.
Er kann Sänger werden. [에어 칸 쟁어 베르덴]   그는 가수가 될 수 있다.

평가 테스트 (Übungen)

1 다음 단어의 우리말 뜻을 쓰세요.

1. Sänger _____

2. Beamte _____

3. Beruf _____

4. unterrichten _____

5. aufgeben _____

2 빈칸에 알맞은 독일어를 쓰세요.

1. Was sind Sie _____? 당신은 직업이 무엇입니까?

2. Was machen Sie _____? 당신은 무슨 일을 하십니까?

3. Ich will Sänger _____. 나는 가수가 되고자 한다.

4. Ich bin _____. 저는 공무원입니다.

5. Ich_____Deutsch. 저는 독일어를 가르칩니다.

 정답

1 1. 가수　　　2. 공무원　　　3. 직업　　　4. 가르치다　　　5. 그만두다, 중지하다

2 1. von Beruf　　2. beruflich　　3. werden　　4. Beamter　　5. lehre

der Beruf 베루프 **직업**

Büroangestellte
뷔로안게스텔테 ⓜ 회사원

Hausfrau 하우스프라우 ⓕ 전업주부

Beamte 베암테 ⓜ 공무원

Arbeiter 아르바이터 ⓜ 노동자

Verkäufer 페어코이퍼 ⓜ 판매원

Lehrer 레러 ⓜ 교사
Professor 프로페소어 ⓜ 교수

Forscher 포르셔 ⓜ 연구자, 학자
Archäologe 아르해오로게 ⓜ 고고학자

Koch 코흐 ⓜ 요리사

Maler 말러 Ⓜ 화가

Musiker 무지커 Ⓜ 음악가
Klavierspieler 클라비어슈필러 Ⓜ 피아니스트

Schauspieler
샤우슈필러 Ⓜ 배우, 연기자

Regisseur 레쥐소어 Ⓜ 영화감독

Fußballspieler
푸스발슈필러 Ⓜ 축구선수

Sänger 쟁어 Ⓜ 가수

Gärtner 게르트너 Ⓜ 정원사

Reiseführer 라이제퓌러 Ⓜ 여행 안내자

Wem gehört das Buch?

기본 회화

A **Wem gehört das Buch?**

벰 게회르트 다스 부흐

B **Das Buch gehört mir.**

다스 부흐 게회르트 미어

A **Gehört die Tasche auch Ihnen?**

게회르트 디 타쉐 아우흐 이넨

B **Ja, sie gehört mir.**

야, 지 게회르트 미어

Wem gehört der Bleistift?

벰 게회르트 데어 브라이슈티프트

A **Der gehört meiner Freundin.**

데어 게회르트 마이너 프로인딘

A : 이 책은 누구의 것입니까?

B : 이 책은 나의 것입니다.

A : 이 가방도 당신의 것입니까?

B : 네, 그것은 저의 것입니다.

이 연필은 누구의 것입니까?

A : 그것은 내 친구의 것입니다.

새 단어

Tasche 타쉐 ⓕ 가방

Ihnen 이넨 당신에게

Bleistift 브라이슈티프트 ⓜ 연필

mein 마인 나의

Freundin 프로인딘 ⓕ 여자 친구

◆ Wem gehört das Buch?

wem은 의문대명사로, '누구에게'라는 뜻이다.

의문대명사는 사람일 경우에 wer, 사물일 경우에 was를 쓰고 격에 따라 변화한다.

	사람	사물
1격	wer [베어]	was [바스]
2격	wessen [베센]	wessen [베센]
3격	wem [벰]	-
4격	wen [벤]	was [바스]

Wessen Idee ist das? [베센 이데 이스트 다스]   그것은 누구의 생각입니까?

Wem gehört das Auto? [벰 게회르트 다스 아우토]

이 자동차는 누구에게 속합니까? (누구의 것입니까?)

Wen liebt er? [벤 립트 에어]   그가 누구를 사랑합니까?

◆ gehören

'～에게 속하다'라는 뜻으로 3격 지배 동사이다. 누구의 소유인지를 표현할 때 쓴다. Der gehört meiner Freundin.에서도 gehören 동사의 영향으로 meiner Freundin이라며 mein [마인]에 er를 붙여 3격으로 썼다. Freundin이 여성명사이므로 어미 −er가 붙는다.

Das Auto gehört ihm. [다스 아우토 게회르트 임]

이 자동차는 그에게 속한다. (그의 자동차이다.)

Das Handy gehört ihr. [다스 핸디 게회르트 이어]

이 핸드폰은 그녀에게 속한다. (그녀의 핸드폰이다.)

A: Wem gehört der Bleistift? [벰 게회르트 데어 브라이슈티프트]

　　이 연필은 누구의 것입니까?

B: Der gehört meiner Freundin. [데어 게회르트 마이너 프로인딘]

　　그것은 내 친구의 것입니다.

위 대화에서 Der는 der Bleistift를 지칭하는 지시대명사이다. 지시대명사는 앞에서 언급된 명사가 다시 언급될 때에 그 명사를 대신해서 사용한다. 지시대명사를 사용할 때에는 문장 안에서 대신하는 명사의 성과 격에 유의한다.

A: Kennst du ihre Mutter gut? [켄스트 두 이어레 무터 굳]
　　너는 그녀의 어머니를 잘 아니?
B: Ja, kenne ich die gut. [야 켄네 이히 디 굳]　응, 나는 그녀를 잘 알아.

A가 언급한 ihre Mutter를 B가 다시 언급할 때에 ihre Mutter는 die로 대신 쓸 수 있다. 혹은 인칭대명사 sie를 쓰기도 한다.

Ja, kenne ich sie gut. [야 켄네 이히 지 굳]

Hallo, Deutschland

독일의 **맥주**는 많은 독일인들에게 사랑받는 음료이다. 독일에서는 5,500여 종의 다양한 맥주가 생산되고 있고 전 세계에서 맥주 소비가 가장 많은 나라로 손꼽힌다. 바이어른 지방의 바이젠비어는 밀 맥주로 부드러운 맥주 거품과 독특한 맛으로 많은 이들이 즐겨 마시는 맥주다.

A Gefällt Ihnen das Buch?

게펠트 이넨 다스 부흐

B Ja, es gefällt mir.

야, 에스 게펠트 미어

A Leihen Sie mir das Buch?

라이엔 지 미어 다스 부흐

B Ja, ich leihe es Ihnen gern.

야, 이히 라이에 에스 이넨 게른

A Ich danke Ihnen dafür.

이히 당케 이넨 다퓌어

A : 이 책이 당신의 마음에 드세요?

B : 네, 제 마음에 들어요.

A : 당신은 그 책을 저에게 빌려주시겠어요?

B : 네, 기꺼이 빌려드릴게요.

A : 정말 감사합니다.

새 단어

gefällt 게펠트 ~의 마음에 들다 (기본형 gefallen)	**leihen** 라이엔 빌려주다
Ihnen 이넨 당신에게	**gern** 게른 기꺼이
Buch 부흐 ⑩ 책	**dafür** 다퓌어 그것에 대하여

◆ 3격과 함께 쓰는 동사들

gefallen [게팔렌] '∼에게 마음에 들다', leihen [라이엔] '∼에게 빌려주다', helfen [헬
펜] '∼에게 도움을 주다', geheh [게엔] '∼에게 잘 되어가다', begegnen [베게그넨]
'∼와 마주치다', schmecken [쉬멕켄] '∼에게 맛이나다', danken [당켄] '∼에게 감사
하다', gratulieren [그라투리렌] '∼에게 축하하다', passen [파센] '∼에게 어울리다',
antworten [안트보르텐] '∼에게 대답하다' 등의 동사는 '∼에게'에 해당하는 대상을 3격으로
쓴다.

A: Wie gefällt es Ihnen? [비 게펠트 에스 이넨] 어떻게 당신 마음에 드십니까?

B: Es gefällt mir sehr gut. [에스 게펠트 미어 제어 굳] 아주 마음에 듭니다.

A: Wie schmeckt es Ihnen? [비 쉬멕트 에스 이넨] 맛이 어떠십니까?

B: Es schmeckt mir sehr gut. [에스 쉬멕트 미어 제어 굳] 정말 맛있습니다.

A: Ich danke dir. [이히 당케 디어] 나는 너에게 감사해.

B: Wofür? Nichts zu danken. [보퓌어 니히츠 추 당켄] 뭐가? 고마울 것 없어.

1 다음 단어의 우리말 뜻을 쓰세요.

1. Bleistift _____

2. Idee _____

3. gehören _____

4. begegnen _____

5. antworten _____

2 빈칸에 알맞은 독일어를 쓰세요.

1. _____ gehört die Tasche? 이 가방은 누구의 것입니까?

2. _____ schmeckt es Ihnen? 맛이 어떻습니까?

3. Können Sie _____ das Buch leihen? 저에게 책을 빌려주실 수 있으세요?

4. _____ liebt er? 그는 누구를 사랑합니까?

5. _____ Auto ist das? 이것은 누구의 자동차입니까?

Bürobedarf und Schreibwaren

뷔로베다르프 운트 쉬라입바렌 **사무용품과 문구류**

Papier 파피어 ⓕ 종이

Bleistift 브라이쉬티프트 ⓜ 연필

Bundstift 분트쉬티프트 ⓜ 색연필

Kugelschreiber 쿠겔쉬라이버 ⓜ 볼펜

Filzschreiber 필쯔쉬라이버 ⓜ 사인펜

Marker 마커 ⓜ 매직펜

Füllfederhalter 퓔페더할터 ⓜ 만년필

Federkasten 페더카스텐 ⓜ 필통

Heft 헤프트 (m) 책, 공책, 노트

Skizzenbuch 스키챈부흐 (n) 스케치북

Heftklammer 헤프트클람머 (f) 클립

Lineal 리네알 (n) 자

Heftgerät 헤프트게래트 (n) 스테이플러

Mappe 마페 (f) 서류철

Gehen Sie bitte zum Arzt!

기본 회화

A Wie geht es dir?

비 게트 에스 디어

Heute siehst du schlecht aus.

호이테 지스트 두 쉴레히트 아우스

B Mir geht's nicht gut.

미어 게츠 니히트 굳

Ich habe eine schlimme Erkältung.

이히 하베 아이네 쉴림메 에어캘퉁

A Hast du Fieber?

하스트 두 피버

B Ja, ich habe Fieber.

야, 이히 하베 피버

A Geh doch mal zum Arzt!

게 도흐 말 춤 아르츠트

A : 어떻게 지내?

오늘 너 안색이 안 좋아 보여.

B : 나 좋지가 않아.

나는 심한 감기에 걸렸어.

A : 열도 있어?

B : 응, 열도 있어.

A : 의사 선생님께 가 봐!

Heute 호이테 오늘

schlecht 쉴레히트 나쁜, 좋지 않은

aussehen 아우스제엔 ~처럼 보이다

habe 하베 가지다 (기본형 haben)

schlimm 쉴림 나쁜, 좋지 않은

Erkältung 에어캘퉁 (f) 감기

Fieber 피버 (n) 열

mal 말 한번, 좀

zum 춤 zu dem의 결합형

Arzt 아르츠트 의사

해설

◆ Heute siehst du schlecht aus.

aussehen는 겉모습이나 외모를 표현할 때 사용한다. 분리동사로 전철 –aus는 문장의 맨 마지막에 쓴다.

Heute siehst du gut aus. [호이테 지스트 두 굳 아우스]　오늘 너 좋아 보여.

Sie sieht jung aus. [지 지트 융 아우스]　그녀는 젊어 보인다.

◆ Ich habe eine schlimme Erkältung.

'심한 감기에 걸렸다'는 표현으로, eine starke Erkältung [아이네 슈타르케 에어캘퉁] 이라고 도 한다.

Ich bin erkältet. [이히 빈 에어캘테트]　나는 감기에 걸렸다.

Er ist stark erkältet. [에어 이스트 슈타르크 에어캘테트]　그는 심한 감기에 걸렸다.

Ich habe ein hohes Fieber. [이히 하베 아인 호헤스 피버]　나는 열이 높다.

189

◆ **명령문**

Geh doch mal zum Arzt!는 '의사에게 가라'는 명령문이다. 상대방에게 어떠한 행동을 하도록 요구할 때 쓴다.

독일어의 명령문에서는 상대방에 따라 동사의 어미가 달라진다. 예의 바른 표현으로 bitte를 붙인다.

1) 상대방이 2인칭 존칭(Sie)인 경우에는 동사의 원형을 문장의 맨 앞에 놓고 주어 Sie를 쓴다.

Gehen Sie zum Arzt! [게엔 지 춤 아르츠트]   병원에 가세요!
Bitte Sprechen Sie langsam! [비테 슈프레헨 지 랑잠]   천천히 말해 주세요!

2) 상대방이 2인칭 경칭(du)인 경우에는 동사의 어간만 쓴다. 어미 –en을 생략한다.

Bitte komm schnell! [비테 콤 쉬넬]   제발 빨리 와!
Sprich bitte langsam! [슈프리히 비테 랑잠]   천천히 말해 줘!
Geh zum Arzt! [게에 춤 아르츠트]   병원에 가!

3) 상대방이 2인칭 복수(ihr)일 경우에는 동사의 어간에 –t를 붙인다.

Ruft mich an! [루프트 미히 안]   너희들 나에게 전화해!
Geht zum Arzt! [게트 춤 아르츠트]   병원에 가!
Sprecht langsam! [슈프레히트 랑잠]   천천히 말해줘!

sein 동사를 사용하여 명령문 만들기

2인칭 존칭(sie)에게 명령하는 경우에는 sein 동사 seien[자이엔]으로, 2인칭 경칭(du)인 경우에는 sein 동사를 sei로, 2인칭 복수(ihr)일 경우에는 sein 동사를 seid로 사용한다.

Sie	seien Sie ~ [자이엔 지]	Seien Sie bitte leise! [자이엔 지 비테 라이제] 조용히 해 주세요!
		Seien Sie nicht laut! [자이엔 지 니히트 라우트] 떠들지 마세요!
du	sei ~ [자이]	Sei bitte leise! [자이 비테 라이제] 제발 조용히 해!
		Sei nicht laut! [자이 니히트 라우트] 떠들지 마!
ihr	seid ~ [자이트]	Seid bitte leise! [자이트 비테 라이제] 너희들 조용히 해!
		Seid nicht laut! [자이트 니히트 라우트] 떠들지 마!

◆ **Geh zum Arzt**

'~로 가다'라는 표현으로 gehen zu를 쓴다. 전치사 zu 다음에는 3격으로 쓴다. zum은 zu dem의 결합이다. Arzt가 남성이고 3격으로 쓰이므로 정관사 dem을 사용한다. zur는 zu der의 결합형인데 명사가 여성일 경우 정관사 여성 3격형인 der가 쓰인다.

Ich gehe zur Post. [이히 게에 추어 포스트]   나는 우체국에 간다.
Ich gehe zum Rathaus. [이히 게에 춤 라트하우스]   나는 시청에 간다.

응용 회화

A Mama, ich habe Durst.

마마, 이히 하베 두어스트

B Trink doch mal ein Glas Wasser!

트링크 도흐 말 아인 글라스 바써

A Mama ich habe Hunger.

마마 이히 하베 훙어

B Iss doch mal ein Brot!

이스 도흐 말 아인 브로트

A Mama ich habe Fieber.

마마 이히 하베 피버

B Nimm doch mal eine Tablette ein!

님 도흐 말 아이네 타블레테 아인

A Mama, es ist kalt.

마마, 에스 이스트 칼트

B Zieh doch mal deine Jacke an!

치 도흐 말 다이네 약케 안

A : 엄마, 나 목이 말라.

B : 물을 한 잔 마시렴!

A : 엄마, 나 배가 고파.

B : 빵을 먹으렴!

A : 엄마, 나 열이 나.

B : 알약 하나 먹으렴!

A : 엄마, 추워.

B : 윗옷을 입으렴!

새 단어

Durst 두어스트 ⓜ 갈증	Brot 브로트 ⓝ 빵
trinken 트링켄 마시다	eine 아이네 하나
Glas 글라스 ⓝ 유리컵	Tablette 타블레테 ⓕ 알약
wasser 바써 ⓝ 물	kalt 칼트 차가운, 추운
Hunger 훙어 ⓜ 배고픔	Jacke 약케 ⓕ 재킷
essen 에쎈 먹다	anziehen 안치언 옷을 입다
einnehmen 아인네멘 복용하다	

해 설

◆ **Mama, ich habe Durst**

목이 마르거나 배가 고플 때 haben[하벤] 동사를 쓴다. 열이 날 때에도, 감기에 걸렸을 때에
도 쓴다.

◆ **Iss doch mal ein Brot!**

Essen[에쎈] 동사를 사용하여 du에 대한 명령문을 만들 때에는 e가 i로 바뀌는 것에 주의
해야 한다. 동사 sehen(보다), lesen(읽다), helfen(돕다), sprechen(말하다), geben(취
하다) nehmen(취하다) 등은 e가 i/ie로 바뀐다.

	sehen [제엔]	lesen [레젠]	nehmen [네멘]	helfen [헬펜]
Sie (존칭)	sehen [제엔]	lesen [레젠]	nehmen [네멘]	helfen [헬펜]
du (경칭)	sieh [지]	lies [리스]	nimm [님]	hilf [힐프]
ihr (복수)	seht [제트]	lest [레스트]	nehmt [넴트]	helft [헬프트]

Iss mal langsam! [이쓰 말 랑잠]   천천히 먹어!

Essen Sie eine Kiwi! [에쎈 지 아이네 키위]   키위 드세요!

Esst eine Banane! [에스트 아이네 바나네]   너희들 바나나 먹어!

◆ 분리동사로 명령문 만들기

Nimm doch mal eine Tablette ein!과 Zieh doch mal deine Jacke an!에서
einnehmen [아인네멘]과 anziehen [안치엔] 동사는 분리동사이다. 분리동사를 사용하여
명령문을 만들 때에는 분리전철 부분을 문장의 맨 뒤로 보낸다.

Mach mal das Fenster auf! [마흐 말 다쓰 펜스터 아우프]   창문 좀 열어!

Machen Sie Ihr Handy aus! [마헨 지 이어 핸디 아우스]   핸드폰 꺼주세요!

＊ 명령문을 부정문으로 만들 때에는 nicht 나 kein 을 쓴다.

Rauchen Sie keine Zigarette! [라우헨 지 카이네 치가레테]   담배를 피우지 마세요!

Sei nicht so faul! [자이 니히트 조 파울]   그리 게으름 피우지 마!

Hallo, Deutschland

독일은 1883년 비스마르크 시대에 **공적의료보험 제도**를 도입하였다. 의료보험은 독일에서 가장
오래된 사회보험제도이다. 독일 국가의료보험은 EU 국가에서는 무료로 진료를 받을 수 있도록
보장하고 있고 약간의 추가 보험 비용을 지불하면 타국에서의 의료비도 보장 받을 수가 있다.

1 다음 단어의 우리말 뜻을 쓰세요.

1. Husten _____

2. Erkältung _____

3. Durst _____

4. Hunger _____

5. Arzt _____

2 빈칸에 알맞은 독일어를 쓰세요.

1. _____ schnell! 빨리 와! (du)

2. _____ eine Tablette _____! 알약 하나 먹어! (du)

3. _____ Sie mich _____! 저에게 전화해 주세요! (Sie)

4. _____ bitte leise! 조용히 해! (ihr)

5. _____ mal _____ Arzt! 의사 선생님께 가 봐! (du)

1 1. 기침   2. 감기   3. 목마름   4. 배고픔   5. 의사

2 1. Komm   2. Nimm, ein   3. Rufen, an   4. Seid   5. Geh, zum

die Krankheit 크랑크하이트 질병

Erkältung 에어캘퉁 ⓕ 감기

Grippe 그리페 ⓕ 독감

Fieber 피버 ⓕ 열

Fieberfrost 피버프로스트 ⓜ 오한

Husten 후스텐 ⓜ 기침

Niesen 니젠 ⓝ 재채기

Übelkeit 위벨카이트 ⓕ 구토, 메스꺼움

erbrechen 에어브레헨 **구토하다**

Kopfschmerzen
코프쉬메르천 ⓜ 두통

Bauchschmerzen
바우흐쉬메르천 ⓜ 복통

Zahnschmerzen
짠쉬메르천 ⓜ 치통

Rückenschmerzen
뤽켄쉬메르천 ⓜ 요통

Bluthochdruck
블루트호흐드룩 ⓜ 고혈압

Allergie 알레어기 ⓕ 알레르기

A **Darf ich Sie etwas fragen?**
다르프 이히 지 에트바스 프라겐

B **Ja, bitte.**
야, 비테

A **Darf ich hier eine Zigarette rauchen?**
다르프 이히 히어 아이네 치가레테 라우헨

B **Nein, es ist verboten.**
나인, 에스 이스트 베어보텐

A **Darf ich hier telefonieren?**
다르프 이히 히어 텔레포니렌

B **Nein, machen Sie bitte das Handy aus!**
나인, 마헨 지 비테 다스 핸디 아우스

A **Darf ich hier fotografieren?**
다르프 이히 히어 포토그라피렌

B **Nein, es ist nicht erlaubt.**
나인, 에스 이스트 니히트 에어라웁트

A : 뭐 좀 물어봐도 될까요?

B : 네, 그럼요.

A : 여기에서 담배를 피워도 되나요?

B : 아니요, 그것은 금지되어 있어요.

A : 여기에서 전화해도 되나요?

B : 아니요, 핸드폰을 꺼주세요.

A : 여기에서 사진 찍어도 되나요?

B : 아니요, 그것은 허용되지 않아요.

새 단어

dürfen 뒤르펜 ~해도 된다, 허가되어 있다	ausmachen 아우스마헨 끄다
Zigarette 치가레테 ⓕ 담배	fotografieren 포토그라피에렌 사진 찍다
rauchen 라우헨 담배를 피우다	erlaubt 에어라웁트 허용된, 허가된
verboten 베어보텐 금지된, 허가되지 않은	

해설

◆ Darf ich Sie etwas fragen?

상대에게 질문을 해도 되는지 묻는 말이다. Darf ich Ihnen eine Frage stellen? [다르프 이히 이넨 아이네 프라게 슈텔렌] '제가 당신에게 질문을 해도 될까요?'라고도 말한다. eine Frage stellen은 '질문하다'라는 뜻으로, 숙어처럼 외워두어도 좋다.

* dürfen 동사는 화법조동사로, 주어의 행동에 대한 허가나 권리를 뜻한다. 다른 화법조동사들처럼 기본 동사는 문장의 맨 뒤에 위치한다.

dürfen 의 변화형					
단수	ich	darf [다르프]	복수	wir	dürfen [뒤르펜]
	du	darfst [다릎스트]		ihr	dürft [뒤르프트]
	er/sie/es	darf [다르프]		sie/Sie	dürfen [뒤르펜]

Du darfst nicht viel essen. [두 다릎스트 니히트 필 에쎈]　너는 많이 먹으면 안 된다.

Wir dürfen den Film schauen. [비어 뒤르펜 덴 필름 샤우엔]　우리는 영화를 봐도 된다.

Ihr dürft ausgehen. [이어 뒤르프트 아우스게엔]　너희는 외출해도 된다.

◆ Es ist verboten

verboten은 '금지되다'라는 뜻으로, verbieten[베어비텐]의 과거분사이다. Rauchen verboten!은 '흡연 금지!'라는 표어이다.

Durchgang verboten! [두르히강 베어보텐]   통행 금지!
Parken verboten! [파켄 페어보텐]   주차 금지!

* Es ist erlaubt.[에스 이스트 에어라웁트]는 '허락되다'라는 뜻이다.

Was ist hier erlaubt? [바스 이스트 히어 에어라웁트]   무엇이 허용되나요?
Es ist erlaubt, laut zu sprechen. [에스 이스트 에어라웁트 라우트 추 슈프레헨]
크게 말해도 됩니다.

Hallo, Deutschland

독일의 **개인소득세**는 소득의 0~45%로 구간이 나뉘어 있다. 가족구성원 수나 결혼의 여부 등에 따라 개인마다 차등하여 세금이 부여된다. 부가가치세는 일반적으로 19%이다. 그러나 서적, 식료품 등 특정 재화나 서비스에는 7%의 세금이 부여된다. 특히 담배는 특별소비세를 적용하여 5유로 담배 한 갑의 세금은 3,75유로로 판매가의 75%가 세금일 정도로 세율이 높다.

응용 회화

A Wann darf ich dich besuchen?
반 다르프 이히 디히 베주헨

B Du darfst mich jederzeit besuchen.
두 다릅스트 미히 에더차이트 베주헨

A Dann komme ich zu dir am Samstag.
단 콤메 이히 추 디어 암 잠스탁

B Womit fährst du nach Seoul?
보미트 패어스트 두 나흐 서울

A Mit dem Bus.
미트 뎀 부스

B Mit wem?
미트 뱀

A Mit meiner Freundin.
미트 마이너 프로인딘

B Alles klar!
알레스 클라

A : 내가 너를 언제 방문해도 돼?

B : 너는 나를 언제든지 방문해도 돼.

A : 그럼, 토요일에 갈게.

B : 너는 뭐를 타고 서울에 올 거야?

A : 버스를 타고.

B : 누구와 함께?

A : 내 친구와 함께.

B : 알았어!

Tag 20

새 단어

wann 반 언제	Mit 미트 ~와 함께
besuchen 베주헨 방문하다	wem 벰 wer의 3격
womit 보미트 무엇으로써	Freundin 프로인딘 (f) 여자 친구
jederzeit 예더차이트 언제나, 항상	alles 알레스 모두
fährst 페르스트 가다 (기본형 fahren)	klar 클라 명백한

해 설

◆ **Wann darf ich dich besuchen?**

wann은 '언제'라는 뜻의 의문부사이다. 의문사와 함께 화법조동사가 쓰일 때에는 〈의문사+화법조동사+주어〉의 어순으로 문장을 만든다.

Wann kannst du mich abholen? 너는 나를 언제 데리러 올 수 있어?
의문사 화법조동사 주어   [반 칸스트 두 미히 압홀렌]

◆ **besuchen**

'방문하다', '~에 다니다'라는 뜻이다.

Er besucht mich sehr oft. [에어 베주흐트 미히 제어 오프트] 그는 나를 자주 방문한다.
Sie besuchen die Schule. [지 베주헨 디 슐레] 그들은 학교에 다닌다.

◆ **Dann komme ich zu dir am Samstag**

dann은 '그렇다면', '그럴 경우에는'의 뜻이다. dann이 문장의 맨 처음에 왔으므로 동사 kommen이 그 뒤에 위치했다. kommen zu jm.[콤멘 추 에만뎀]은 '~를 방문하다'라는 뜻으로 쓰인다.

Sie möchten zu mir kommen. [지 뫼히텐 추 미어 콤멘]
그녀는 나를 방문하고 싶어 한다.

◆ **Womit fährst du nach Seoul?**

womit 는 의문사와 전치사를 하나의 형태로 쓴 것이다. 그 대상이 사람일 때와 사물일 때를
구분해서 사용한다.

① 사람일 때 mit wem

    A: Mit wem fahren Sie? [미트 벰 파렌 지]   누구와 함께 떠납니까?
    B: Mit meinem Bruder. [미트 마이넴 브루더]   내 남동생과 갑니다.

② 사물일 때 womit

    A: Womit fahren Sie? [보미트 파렌 지]   무엇을 타고 가십니까?
    B: Mit dem Auto. [미트 뎀 아우토]   자동차를 타고 갑니다.

＊〈의문사＋전치사〉로 사용할 경우 그 대상이 사람일 때에는 전치사와 함께 명사의 성과 격에 맞는 의문사가 온다.
사물일 경우에는 〈의문사＋전치사〉의 형태로 쓴다. 이때 전치사가 모음으로 시작하면 r과 함께 쓴다. (worauf [보
라우프], woran [보란], worüber [보뤼버], wofür [보퓌어])

    A: Auf wen warten Sie? [아우프 벤 바르텐 지]   당신은 누구를 기다리십니까? 〈사람〉
    B: Auf meine Mutter. [아우프 마이네 무터]   나의 어머니를 기다립니다.

    A: Worauf warten Sie? [보라우프 바르텐 지]   당신은 무엇을 기다리십니까? 〈사물〉
    B: Auf einen Brief von meinem Freund. [아우프 아이넨 브리프 폰 마이넴 프로인트]
       내 남자 친구의 편지요.

    A: Woran denken Sie? [보란 덴켄 지]   무엇을 생각하십니까? 〈사물〉
    B: An die Worte meiner Mutter. [안 디 보르테 마이너 무터]   어머니의 말씀이요.

    A: Wofür danken Sie? [보퓌어 당켄 지]   무엇이 감사하십니까? 〈사물〉
    B: Für seine Hilfe. [퓌어 자이네 힐페]   그의 도움이요.

das Verkehrsmittel 페어케어스미텔 교통수단

U-Bahn 우반 ⓕ 지하철
Zug 축 ⓜ 기차

Tram 트람 ⓕ 트램

Bus 부스 ⓜ 버스

Taxi 탁시 ⓝ 택시

Auto 아우토 ⓝ 자동차
Personenkraftwagen (PKW)
페르조넨크라프트바겐 ⓜ 승용차

Lastkraftwagen (LKW)
라스트크라프트바겐 ⓜ 트럭

Motorrad 모토라트 ⓝ 오토바이

Motorroller 모토롤러 ⓜ 스쿠터

Fahrrad 파라트 ⓝ 자전거

Hubschrauber 훕슈라우버 ⓜ 헬리콥터

Flugzeug 플룩조익 ⓝ 비행기

Schiff 쉬프 ⓝ 배

1 다음 단어의 우리말 뜻을 쓰세요.

1. rauchen _____

2. dürfen _____

3. verboten _____

4. erlaubt _____

5. jederzeit _____

2 빈칸에 알맞은 독일어를 쓰세요.

1. _____ ich Sie etwas fragen? 제가 당신에게 질문을 해도 될까요?

2. Hier _____ man fotografieren. 여기에서는 사진을 찍어도 됩니다.

3. _____ fahren Sie? 무엇을 타고 가시나요?

4. _____ _____ gehen Sie? 누구와 함께 가시나요?

5. _____ warten Sie? 무엇을 기다리시나요?

1 1. 담배를 피우다   2. ~해도 된다, 허가되어 있다   3. 금지된   4. 허용된   5. 언제나, 항상

2 1. Darf   2. darf   3. Womit   4. Mit wem   5. Worauf

Mein Bauch tut weh.

A Aua! Mein Bauch tut weh.

아우아! 마인 바우흐 투트 베

B Du sollst eine Tablette einnehmen.

두 졸스트 아이네 타블레테 아인네멘

A Aua··· mein Kopf tut auch weh.

아우아, 마인 코프 투트 아우흐 베

B Du hast ein leichtes Fieber.

두 하스트 아인 라이히테스 피버

A Aua··· mein Hals tut auch weh.

아우아, 마인 할스 투트 아우흐 베

B Ja, du hustest auch.

야, 두 후스테스트 아우흐

A Aua··· meine Augen tun auch weh.

아우아, 마이네 아우겐 툰 아우흐 베

B Ach! Paul! Hör mal auf!

아흐! 파울! 회어 말 아우프

A : 아! 배가 아파.

B : 너 약 먹어야 해.

A : 아··· 머리도 아파.

B : 너는 열이 약간 있어.

A : 아··· 목도 아파.

B : 그래, 너는 기침도 하잖아.

A : 아··· 내 눈도 아파.

B : 야! 파울! 그만 좀 해!

새 단어

Bauch 바우흐 ⓜ 배, 복부	leicht 라이히트 가벼운
wehtun 베툰 아프다	Hals 할스 ⓜ 목
sollst 졸스트 ～해야만 한다 (기본형 sollen)	husten 후스텐 기침하다
Tablette 타블레테 ⓕ 알약	Auge 아우게 ⓝ 눈
einnehmen 아인네멘 먹다, 복용하다	weh 베 아픈, 상처 입은
aua 아우아 아야 (감탄사)	aufhören 아우프회렌 그만두다, 중지하다

해 설

◆ **Mein Bauch tut weh.**

'나의 배가 아프다.'라는 뜻이다. 독일어로 '어디가 아프다'고 표현할 때에는 wehtun 를 쓴다. 동사 tun 의 주어가 3인칭 단수인 Bauch 이기 때문에 동사의 어미가 −t 로 바뀐 것이다. mein Bauch 에서는 Bauch 가 남성이고 주격으로 쓰였으므로 소유관사 mein 에 어미가 붙지 않는다.

  Meine Hand tut weh. [마이네 한트 투트 베] 내 손이 아파.
  Sein Bein tut weh. [자인 바인 투트 베] 그의 다리가 아프다.
  Ihre Ohren tut weh. [이어레 오렌 투트 베] 그녀의 귀가 아프다.

◆ **Du sollst eine Tablette einnehmen.**

'～해야 한다'는 뜻의 sollen 은 화법조동사로 주어에게 권고나 충고를 할 경우에 사용한다. 이 문장에서는 주어가 du 이기 때문에 sollst 라고 썼다.

화법조동사 sollen [졸렌] 의 인칭에 따른 변화형은 다음과 같다.

단수	ich	soll [졸]	복수	wir	sollen [졸렌]
	du	sollst [졸스트]		ihr	sollt [졸트]
	er/sie/es	soll [졸]		Sie/sie	sollen [졸렌]

Er soll zur Schule gehen. [에어 졸 추어 슐레 게엔]   그는 학교에 가야 한다.

Wir sollen das Zimmer aufräumen. [비어 졸렌 다스 침머 아우프로이멘]

우리는 그 방을 청소해야 한다.

Sie sollen viel Wasser trinken. [지 졸렌 필 바써 트링켄]   당신은 물을 많이 마셔야 합니다.

◆ **Hör mal auf!**

'그만해!'라는 뜻의 명령문이다. 동사 aufhören [아우프회렌] 은 '그만두다, 중지하다'라는 뜻
으로 분리동사이다. 따라서 분리전철 auf를 문장의 맨 마지막에 쓴다.

Hallo, Deutschland

독일어권 국가에서 위급한 상황이 생겼을 때 전화를 걸 수 있는 긴급 번호를 알아두자.

독일	경찰서: 110	소방서: 112	병원: 116, 117
오스트리아	경찰서: 133	소방서: 122	병원: 144
스위스	경찰서: 117	소방서: 118	병원: 144

응용 회화

A   Mama, was soll ich jetzt machen?
마마, 바스 졸 이히 엣츠트 마헨

B   Du sollst deine Hausaufgabe machen.
두 졸스트 다이네 하우스아우프가베 마헨

A   Was soll ich noch machen?
바스 졸 이히 노흐 마헨

B   Du sollst dein Zimmer aufräumen.
두 졸스트 다인 침머 아우프로이멘

    Dann sollst du zum Zahnarzt gehen.
단 졸스트 두 춤 찬아르츠트 게엔

A   Nein, ich will nicht dahin gehen.
나인, 이히 빌 니히트 다힌 게엔

    Mein Zahn tut nicht weh.
마인 찬 투트 니히트 베

A : 엄마, 저 지금 무엇을 해야만 하나요?
B : 너는 숙제를 해야만 해.
A : 또 무엇을 해야 해요?
B : 너는 너의 방을 청소해야만 해.
    그 다음에 너는 치과에 가야 해.
A : 싫어요, 나는 거기 안 갈 거예요.
    이가 안 아파요.

새 단어

jetzt 옛츠트 지금

machen 마헨 만들다, (행)하다

Hausaufgabe 하우스아우프가베 🅕 숙제

soll 졸 ～해야 한다 (기본형 sollen)

Zahnarzt 찬아르츠트 치과의사

nein 나인 아니, 그렇지 않은

Zahn 찬 🅜 이, 치아

해설

▶ **Was soll ich machen?**

'내가 무엇을 해야만 하나?'라는 뜻으로 위의 대화에서처럼 엄마에게 자신이 해야 할 일을 물을 때도 쓰지만, 자신이 무엇을 해야 좋을지, 자신에게 문제가 있는 상황을 어찌 해결할지 모를 때에도 쓴다.

Ich weiß nicht, was ich machen soll. [이히 바이스 니히트 바스 이히 마헨 졸]
나는 무엇을 해야 좋을지 모르겠다.

▶ **Hausaufgabe machen**

'숙제하다'라는 독일어 표현이다.

Ich soll meine Hausaufgabe machen. [이히 졸 마이네 하우스아우프가베 마헨]
나는 숙제를 해야 한다.

▶ **Du sollst dein Zimmer aufräumen.**

'너는 너의 방을 청소해야 한다.'라는 뜻으로, 엄마가 방 청소를 하라고 권고하는 상황이다.
주어가 du 이기 때문에 화법조동사 sollen 이 sollst 로 변화하였다.
화법조동사가 올 때에는 기본동사가 맨 뒤로 가기 때문에 aufräumen 이 문장의 맨 뒤에 위치하였다. 동사 aufräumen 은 분리동사이지만 화법조동사가 올 경우에는 räumen auf 라고 전철을 분리시키지 않는다.

Du sollst dein Zimmer räumen auf. (×)

Du sollst dein Zimmer aufräumen. (○)

* 화법조동사가 올 경우에는 기본 동사의 원형을 쓴다는 원칙에 충실하자.

▶ **zum Arzt gehen**

'의사에게 가다'는 뜻이므로 '병원에 간다'는 표현이다. 치과에 갈 때에도 zum Zahnarzt gehen[춤 찬아르츠트 게엔] 이라고 말한다.

Ich gehe zum Zahnarzt gehen. [이히 게에 춤 찬아르츠트 게엔]   나는 치과에 간다.

Sie geht zum Frauenarzt gehen. [지 게트 춤 프라우엔아르츠트 게엔]

그녀는 산부인과에 간다.

병원

Klinikum [클리니쿰]	ⓝ	종합병원
Krankenhaus [크랑켄하우스]	ⓝ	대형병원
Praxis [프락시스]	ⓕ	개인병원
Chirurgie [히뤄기]	ⓜ	외과
Orthopädie [오르토페디]	ⓜ	정형외과
Plastische Chirurgie [플라스티쉬 히루르기]	ⓜ	성형외과
Augenheilkunde [아우겐하일쿤데]	ⓜ	안과
Gynäkologie [귀내콜로기]	ⓜ	산부인과
Pädiatrie [패디아트리]	ⓜ	소아과
Allgemeinmedizin [알게마인에디친]	ⓜ	가정의학과

▶ **Ich will nicht dahin gehen.**

will도 화법조동사이다. 원형은 wollen이다. 화법조동사의 영향으로 기본동사 gehen이 문장 끝에 위치한다. dahin은 '거기로'라는 부사이다.

1 다음 단어의 우리말 뜻을 쓰세요.

1. weh _____

2. husten _____

3. aufhören _____

4. sollen _____

5. Bauch _____

1 빈칸에 알맞은 독일어를 쓰세요.

1. Mein Bauch _____ _____. 내 배가 아프다.

2. _____ Hand tut _____. 내 손이 아프다

3. Mein _____ _____ _____. 내 목이 아프다.

4. Du _____ zum Arzt gehen. 너는 병원에 가야 한다.

5. Wir _____ nach Hause gehen. 우리는 집에 가야 한다.

1 1. 아픈   2. 기침하다   3. 그만두다, 중지하다   4. 해야 한다   5. 배

2 1. tut, weh   2. Meine, weh   3. Hals, tut, weh   4. sollst   5. sollen

Antonym 안토늄 반의어 2

froh 기쁜 ↔ **traurig** 슬픈   **teuer** 고가의, 값비싼 ↔ **billig** 저가의, 값싼

프로   트라우리히   토이어   빌리히

hoch 높은 ↔ **niedrig** 낮은, 적은   **reich** 풍부한, 부유한 ↔ **arm** 빈약한, 가난한

호흐   니드리히   라이히   아름

schwierig 어려운 ↔ **leicht** 쉬운   **fleißig** 근면한, 부지런한 ↔ **faul** 게으른

쉬비리히   라이히트   플라이씨히   파울

heiβ 뜨거운, 더운 ↔ **kalt** 차가운, 추운　**schlank** 날씬한, 가냘픈 ↔ **dick** 뚱뚱한

하이스　칼트　쉬랑크　딕

trocken 마른, 건조한 ↔ **nass** 젖은, 축축한

트록켄　나스

sauber 깨끗한, 청결한 ↔ **schmutzig** 더러운, 지저분한

자우버　쉬뭍치히

Tag 22 Wohin gehen Sie?

기본 회화 🐚

A Paul will bald nach Bonn umziehen.

파울 빌 발트 나흐 본 움찌엔

B Woher weißt du das?

보헤어 바이스트 두 다스

A Ich habe von Paul von seinem Umzug gehört.

이히 하베 폰 파울 폰 자이넴 움축 게회르트

Wohin gehst du?

보힌 게스트 두

B Ich komme zu meiner Freundin.

이히 콤메 추 마이너 프로인딘

A Wo wohnt sie?

보 본트 지

B Sie wohnt in Köln.

지 본트 인 쾰른

A : 파울은 곧 본으로 이사가고자 해.

B : 너 그걸 어떻게 알았어?

A : 나는 파울에게 그의 이사 소식을 들었어.

너는 어디 가?

B : 나는 내 여자 친구네에 가.

A : 그녀는 어디에서 살아?

B : 그녀는 쾰른에 살아.

해설

◆ **Wohin gehen Sie**

'어디로 가십니까?'라는 뜻이다. wohin은 '어디로'라는 뜻의 부사로, 방향을 나타낸다. 이에 대답을 할 때에는 주로 전치사 in[인], zu[추], nach[나흐]를 쓴다. 사람에게 이동하는 경우에는 전치사 zu를 사용하고, 지명을 말하는 경우에는 전치사 nach를 사용한다. 전치사 in을 사용하는 경우에는 4격으로 쓰고, zu와 nach는 3격으로 쓴다.

Wohin gehen sie? [보힌 게엔 지] 당신은 어디로 가십니까?
Ich gehe in die Schule. [이히 게에 인 디 슐레] 나는 학교로 갑니다.
Ich gehe zur Schule. [이히 게헤 추어 슐레] 나는 학교로 갑니다.

* 사람에게 가는 경우에는 zu를 사용한다.

Wir gehen zu unseren Eltern. [비어 게엔 추 운저렌 엘턴] 우리는 부모님께 간다.

고유지명으로 가는 경우에는 nach를 사용한다. 그러나 나라 이름이 여성명사나 남성명사인 경우에는 전치사 in을 사용한다.

Sie fahren nach Seoul. [지 파렌 나흐 서울] 그들은 서울로 간다.
Ich fliege in die Schweiz. [이히 플리게 인 디 쉬바이츠] 나는 스위스에 간다.
Er fährt in die Türkei. [에어 펠트 인 디 튀르카이] 그는 터키에 간다.

217

보통 걸어서 갈 수 있는 가까운 거리는 gehen [게엔] 동사를 쓰고, 자동차나 지상 교통수단을 이용해서 가는 경우에는 fahren [파렌]을 쓴다. 비행기를 타고 갈 경우에는 fliegen [플리겐] 동사를 쓴다.

◆ **Woher weißt du das?**

woher는 '어디로부터'라는 뜻으로 출처를 물어볼 때 사용한다. 어디서 들었는지, 어떻게 알게 되었는지 출처를 묻는 질문이다. 어디 출신인지, 원인이 무엇인지를 물을 때에도 woher를 쓴다. 대답할 때는 주로 전치사 aus [아우스]나 von [폰]을 사용한다.

Woher kommen Sie? [보헤어 콤멘 지]   당신은 어디 출신입니까?
Ich komme aus Seoul. [이히 콤메 아우스 서울]   저는 서울 출신입니다.

Woher weißt du das? [보헤어 바이스트 두 다스]   그것을 어디서 들었습니까?
Ich habe von Paul von seinem Umzug gehört. [이히 하베 폰 파울 폰 자이넴 움축 게
회르트]
나는 파울로부터 그의 이사 소식을 들었습니다.

◆ **의문사 wo**

'어디'라는 뜻으로 장소를 물어볼 때 사용한다. 이에 답할 때는 전치사 in, zu, auf, bei 등을 쓰고 3격을 동반한다.

Wo bist du jetzt? [보 비스트 두 예츠트]   너 지금 어디에 있어?
Jetzt bin ich auf der Insel. [예츠트 빈 이히 아우르 더에 인젤]   나는 지금 섬에 있어.
Jetzt bin ich im Büro. [예츠트 빈 이히 임 뷔로]   나는 지금 사무실에 있어.

응용 회화

A Woher kommen Sie gerade?
보헤어 콤멘 지 게라데

B Ich komme aus Seoul.
이히 콤메 아우스 서울

A Wohin gehen Sie wieder?
보힌 게엔 지 비더

B Ich gehe zur Arbeit.
이히 게에 추어 아르바이트

A Wo arbeiten Sie?
보 아르바이텐 지

B Ich arbeite beim Büro.
이히 아르바이테 바임 뷔로

A : 지금 어디에서 오시나요?

B : 저는 서울에서 와요.

A : 다시 어디를 가시나요?

B : 저는 일하러 가요.

A : 어디에서 일하시나요?

B : 저는 사무실에서 일해요.

새 단어

gerade 게라데 곧, 지금 막	**arbeiten** 아르바이텐 일하다
wieder 비더 다시	**beim** 바임 ~에서 (bei dem 결합형)
Arbeit 아르바이트 f 일, 노동	**Büro** 뷔로 n 사무실

219

◆ **Woher kommen Sie gerade?**

'지금 막 어디서 오는지'를 묻는 말이다.

◆ **Wohin gehen Sie wieder?**

지금 막 서울에서 온 B가 다시 어디로 가는지 물어보는 것이다. 방향을 나타내기 때문에 대답할 때 전치사 in 이 올 경우에는 4격을 사용한다.

◆ **Ich arbeite beim Büro.**

일하고 있는 장소를 의미하므로 전치사 bei를 쓰고, 항상 3격을 동반한다. beim은 bei dem 의 결합형이다. Büro 가 중성명사이기 때문에 정관사 dem 이 쓰였다.

★ 장소부사 wo, wohin, woher의 용법을 다시 정리해 보자.

wo [보] 어디, 어디에	in, zu, auf, an, bei + 3격	어디, 어디에 Wo sind Sie? [보 진트 지] 어디에 계십니까? Wir sind am Meer. [비어 진트 암 메어] 우리는 바닷가에 있습니다.
wohin [보힌] 어디로, 어디에	in + 4격 zu + 3격 nach+ 3격	어디로, 어디에 Wohin geht er? [보힌 게트 에어] 그는 어디로 갑니까? Er geht in die Bank. [에어 게트 인 디 방크] 그는 은행에 갑니다. Er geht zur Bank. [에어 게트 추어 방크] 그는 은행에 갑니다.
woher [보헤어] 어디로부터	aus + 3격	어디로부터 Woher kommen Sie? [보헤어 콤멘 지] 어디에서 오십니까? / 어디 출신이십니까? Ich komme aus Korea. [이히 콤메 아우스 코레아] 저는 한국 출신입니다. Ich komme gerade aus Bonn. [이히 콤메 게라데 아우스 본] 저는 본에서 지금 막 왔어요.

1 다음 단어의 우리말 뜻을 쓰세요.

1. wissen _____

2. fliegen _____

3. umziehen _____

4. wohin _____

5. gerade _____

2 빈칸에 알맞은 독일어를 쓰세요.

1. _____ gehen Sie?   어디로 가세요?

2. _____ wohnen Sie?   어디에 사세요?

3. _____ weißt du das?   어디서 들었어?

4. Ich gehe in _____ Post.   저는 우체국으로 갑니다.

5. Er geht _____ Bank.   그는 은행에 갑니다.

1 1. 알다   2. 비행하다, 날다   3. 이사하다   4. 어디로   5. 지금 막

2 1. Wohin   2. Wo   3. Woher   4. die   5. zur

221

der Ort 오르트 장소

Büro 뷔로 ⓝ 사무실

Schule 슐레 ⓕ 학교

Universität 우니베어지테트 ⓕ 대학교

Bank 방크 ⓕ 은행

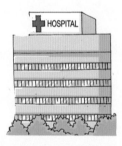

Krankenhaus 크랑켄하우스 ⓝ 병원

Post 포스트 ⓕ 우체국

Kaufhaus 카우프하우스 ⓝ 백화점

Supermarkt 쥬퍼마르크트 ⓜ 슈퍼마켓

Restaurant 레스토랑 ⓝ 레스토랑

Bäckerei 백커라이 ⓕ 제과점

Kiosk 키오스크 ⓜ 매점, 가판점

Laden 라덴 ⓜ 가게, 점포

Bahnhof 반호프 ⓜ 기차역

Park 파크 ⓜ 공원

Metzgerei 메츠거라이 ⓕ 정육점

Tag 23 Wo ist das Kino?

기본 회화

A **Entschuldigen Sie, gibt es hier ein Kino?**

엔트슐디겐 지, 깁트 에스 히어 아인 키노

B **Ja, selbstverständlich!**

야, 젤브스트페어슈텐트리히

Gehen Sie geradeaus weiter.

게언 지 게라데아우스 바이터

Dann können Sie das Kino finden.

단 쾬넨 지 다스 키노 핀덴

A **Wie weit ist es bis zum Kino?**

비 바이트 이스트 에스 비스 춤 키노

B **Nicht so weit.**

니히트 조 바이트

Gehen Sie circa 300 Meter geradeaus.

게엔 지 찌르카 드라이훈데르트 메터 게라데아우스

Da ist schon das Kino.

다 이스트 숀 다스 키노

A : 실례합니다. 여기에 영화관이 있나요?

B : 네, 당연하지요.

쭉 직진해서 가세요.

그럼 영화관을 찾을 수 있을 거예요.

A : 극장까지는 얼마나 먼가요?

B : 그리 멀지 않아요.

약 300미터 직진해서 가세요.

거기에 극장이 있어요.

224 이것이 독학 독일어 첫걸음이다!

gibt 깁트 주다 (기본형 geben)

hier 히어 여기에

Kino 키노 ⓝ 영화관

selbstverständlich 젤브스트페어슈탠트리히 당연한, 자명한

geradeaus 게라데아우스 똑바로, 샛길로 빠지지 않고

weiter 바이터 더 먼, 더 앞의

können 퀀넨 할 수 있다

finden 핀덴 찾다

circa 찌르카 대략, 약

Meter 메터 ⓜ 미터

weit 바이터 넓은, 먼

bis 비스 ~까지

schon 숀 이미, 벌써

해설

◆ **Es gibt**

'~가 있다'라는 뜻이다. **Es gibt** 다음에는 4격을 쓴다.

Gibt es hier eine Bäckerei? [깁트 에스 히어 아이네 백커라이] 여기에 제과점이 있나요?

Es gibt hier eine Metzgerei. [에스 깁트 히어 아이네 메츠거라이] 여기에는 정육점이 있다.

◆ **selbstverständlich**

'당연한', '물론', '자명한'의 뜻이다. natürlich[나튀어리히] 라고 대신해도 된다.

A : Darf ich eine Kiwi essen? [다르프 이히 아이네 키위 에쎈]

제가 키위 하나 먹어도 될까요?

B : Selbstverständlich gern! [젤브스트페어슈탠트리히 게른] 당연하죠! 기꺼이요!

◆ **geradeaus**

'똑바로', '샛길로 빠지지 않고'의 뜻이다.

Gehen Sie zuerst geradeaus. [게엔 지 쭈에르스트 게라데아우스] 먼저 쭉 직직하세요.

225

◆ **Dann können Sie das Kino finden.**

dann은 '그 다음에', '그리고 나서'라는 뜻이다.

위의 대화에서는 쭉 직진하면 영화관이 있을 것이라는 의미이다. 화법조동사 können의 영향으로 기본동사 finden이 문장의 맨 뒤에 위치했다. das Kino는 finden 동사로 인해 4격으로 사용하였다.

◆ **Wie weit ist es bis zum Kino?**

'영화관까지의 거리가 얼마나 되는지' 묻는 말이다.

Wie weit ist es bis zum Münsterplatz? [비 바이트 이스트 에스 비스 춤 뮌스터플라츠]
뮌스터플라츠까지 얼마나 먼가요?

◆ **Gehen Sie circa 300 Meter geradeaus.**

명령문이다. 2인칭 존칭에 대한 명령문이므로 〈동사원형＋주어(Sie)〉의 순서로 시작한다. circa[찌르카]는 '약', '대략'이라는 뜻으로 어림을 나타내는 말이다.

Gehen Sie zu Fuß! [게엔 지 추 푸스] 걸어서 가세요!

◆ **da**

'거기에'라는 뜻이다.

da draußen [다 드라우쎈] 거기 바깥에
da oben [다 오벤] 거기 위에
da unten [다 운텐] 거기 아래에

응용 회화

A Entschuldigen Sie, ich suche jetzt den Bahnhof.

엔트슐디겐 지 이히 주헤 예츠트 덴 반호프

B Sie gehen gleich hier nach links und weiter geradeaus.

지 게엔 글라이히 히어 나흐 링스 운트 바이터 게라데아우스

Da sehen Sie den Bahnhof.

다 제엔 지 덴 반호프

A Auf dem Weg zum Bahnhof gibt es eine Buchhandlung?

아우프 뎀 벡 춤 반호프 깁트 에스 아이네 부흐한들룽

B Ja! Gehen Sie gleich hier nach links.
Da ist schon die Buchhandlung.

야! 게엔 지 글라이히 히어 나흐 링스 다 이스트 숀 디 부흐한드룽

A Ach so! Vielen Dank!

아흐 조! 필렌 당크

A : 실례합니다. 저는 지금 기차역을 찾고 있습니다.

B : 여기서 바로 왼쪽으로 돌아서 계속 직진해 가세요.

거기에서 기차역을 볼 수 있을 거예요.

A : 기차역으로 가는 길에 서점이 있나요?

B : 네, 여기서 바로 왼쪽으로 돌아가세요.

거기에 서점이 있어요.

A : 아, 네! 정말 감사합니다.

새 단어

jetzt 옛츠트 지금	geradeaus 게라데아우스 직진해서, 똑바로
Bahnhof 반호프 ⓜ 기차역	Weg 벡 ⓜ 길, 도로
gleich 글라이히 곧, 바로, 즉시	ach 아흐 아! 오! (감탄사)
hier 히어 여기에	vielen 필렌 많은
links 링스 왼쪽에 ⟷ rechts 레히츠 오른쪽에	

해 설

▶ Ich suche jetzt den Bahnhof

'저는 기차역을 찾고 있어요.'라는 의미로 Gibt es hier einen Bahnhof? [깁트 에스 히어 아
이넨 반호프] '여기에 기차역이 있나요?'라고 물을 수도 있다.

▶ Sie gehen gleich hier nach links und geradeaus weiter.

길을 안내하는 표현으로, nach links는 '왼쪽으로', nach rechts는 '오른쪽으로', weiter
geradeaus는 '계속 직진'이라는 뜻이다.

Gehen Sie geradeaus und dann die zweite Straße links.

[게엔 지 게라데아우스 운트 단 디 츠바이테 슈트라쎄 링스]

직진해서 가시다가 두 번째 거리에서 왼쪽으로 돌아가세요.

Die Post ist hier um die Ecke. [디 포스트 이스트 히어 움 디 엑케]

우체국은 여기 모퉁이에 있어요.

Das Krankenhaus ist hier in der Nähe. [다스 크랑켄하우스 이스트 히어 인 데어 내에]

병원은 여기 근처에 있습니다.

▶ Auf dem Weg

'~로 가는 도중에'라는 뜻이다.

Auf dem Weg nach Hause gibt es eine Bank.

[아우프 뎀 벡 나흐 하우제 깁트 에스 아이네 방크]　집으로 가는 도중에 은행이 있다.

Auf dem Weg nach Seoul treffe ich einen Freund.

[아우프 뎀 벡 나흐 서울 트레페 이히 아이넨 프로인트]　나는 서울로 가는 도중에 친구를 만났다.

＊ 상대가 길을 물었을 때 본인도 그 지역을 잘 모르는 경우에는 Tut mir leid. ich bin auch fremd hier. [투트 미어 라이트 이히 빈 아우흐 프렘트 히어]라고 대답한다.

Hallo. Deutschland

베를린 국제영화제는 매해 2월 중순 베를린에서 열리는 세계 3대 영화제 중의 하나이다. 이 영화제는 분단된 독일의 통일을 바라며 1951년에 시작하였다. 매년 400여 편의 영화가 상영되는데 최우수작품상인 금곰상이 있고, 감독·주연배우들에게 10가지의 은곰상, 블루엔젤상 등이 수여된다.

1 다음 단어의 우리말 뜻을 쓰세요.

1. selbstverständlich _____

2. geradeaus _____

3. links _____

4. Ecke _____

5. Nähe _____

2 빈칸에 알맞은 독일어를 쓰세요.

1. _____ hier eine Bäckerei? 여기에 제과점이 있나요?

2. _____ Sie _____. 직진해서 가세요.

3. Wo ist _____? 기차역이 어디인가요?

4. Es ist _____. 모퉁이에 있어요.

5. Gehen Sie _____. 왼쪽으로 가세요.

정답

1 1. 당연한, 자명한 2. 똑바로, 샛길로 빠지지 않고 3. 왼쪽의   4. 모퉁이, 모서리   5. 근처, 가까움

2 1. Gibt, es   2. Gehen, geradeaus   3. der, Bahnhof 4. um, die, Ecke 5. nach, links

Ausrufesatz 아우스루페자츠 감탄문

Ach Gott! 아흐 고트 아이고, 이런!

Gott sei Dank! 고트 자이 당크 천만다행이다!

Mein Gott! 마인 코트 큰일이네!

Mensch, du! 멘쉬 두 아이고, 이 녀석!

Ach, du! 아흐 두 맙소사!

Du, meine Güte! 두 마이네 귀테 아이고, 맙소사! / 저런!

Ach, der Arme! 아흐 데어 아르메 아이고, 불쌍해라!

Zum Wohl! 춤 볼 건배! / 건강을 위하여!

Schade! 샤데 아쉽다!

Selbstverständlich! 젤브스트페어슈텐트리히 당연하지!

Natürlich! 나튀어리히 당연하지!

Überhaupt nicht! 위버하웁트 니히트 절대로 아니야!

Mein Schatz! 마인 샤츠 내 사랑!

Tag 24 Ich bin vor der Bank.

기본 회화

A Wo bist du jetzt?
보 비스트 두 예츠트

B Ich bin vor der Bank.
이히 빈 포어 데어 방크

A Was machst du denn da?
바스 마흐스트 두 덴 다

B Ich warte auf dich.
이히 바르테 아우프 디히

A Was? Auf mich?
바스? 아우프 미히

B Wir wollten uns an der Bushaltestelle treffen.
비어 볼텐 운스 안 데어 부스할테슈텔레 트레펜

A Echt? Wo ist die Bushaltestelle?
에히트? 보 이스트 디 부스할테슈텔레

B Dort sollst du nach links und
immer geradeaus gehen.
도르트 졸스트 두 나흐 링스 운트 임머 게라데아우스 게엔

A Alles klar! Danke! Bis gleich!
알레스 클라! 당케! 비스 글라이히

A : 너 지금 어디야?

B : 나는 은행 앞이야.

A : 도대체 거기서 뭐하고 있어?

B : 너를 기다리고 있지.

A : 뭐? 나를?

B : 우리는 버스정류장에서 만나기로 했잖아.

A : 정말? 버스정류장이 어딘데?

B : 거기서 왼쪽으로 돌아서 계속 직진해서 가야만 해.

A : 알았어! 고마워! 곧 만나!

 새 단어

Bank 방크 은행	echt 에히트 진짜의, 실제의
machst 마흐스트 만들다, (행)하다 (기본형 machen)	dort 도르트 거기에
warte 바르테 기다리다 (기본형 warten)	sollst 졸스트 ~해야만 한다 (기본형 sollen)
dich 디히 너를	links 링스 왼쪽의
mich 미히 나를	immer 임머 항상, 언제나
wollten 볼텐 ~하려고 했다	geradeaus 게라데아우스 직진해서, 똑바로
Bushaltestelle 부스할테슈텔레 (f) 버스정류장	klar 클라 분명한, 맑은
treffen 트레펜 만나다	gleich 글라이히 곧, 즉시

해 설

◆ **Wo bist du?**

상대가 어디에 있는지 묻는 말이다. Ich bin vor der Bank.는 '은행 앞에 있다'는 말로 전치사 vor '~앞에'를 썼다. 전치사 vor 다음에는 3격을 쓴다. 따라서 Bank가 여성명사이므로 정관사 여성 3격인 der가 쓰였다.

Wo sind Sie? [보 진트 지] 당신은 어디에 계십니까?

Ich bin vor der Bäckerei. [이히 빈 포어 데어 백커라이] 저는 제과점 앞에 있어요.

233

Wo ist er? [보 이스트 에어] 그는 어디에 있나요?

Er ist vor dem Bahnhof. [에어 이스트 포어 뎀 반호프] 그는 기차역 앞에 있습니다.

◆ warten auf~

'~를 기다리다'라고 말할 때 쓴다.

Ich warte auf ihn. [이히 바르테 아우프 인] 나는 그를 기다린다.

Auf wen warten Sie? [아우프 벤 바르텐 지] 누구를 기다리십니까?

Ich warte auf meine Freundin. [이히 바르테 아우프 마이네 프로인딘]
저는 여자 친구를 기다립니다.

◆ Wir wollten uns an der Bushaltestelle treffen.

wollten은 화법조동사 wollen의 과거형으로 '~하려고 했었다'라는 뜻이다.

Ich wollte dich eben anrufen. [이히 볼테 디히 에벤 안루펜]
내가 너에게 막 전화하려고 했었다.

Ich wollte meine Mutter besuchen. [이히 볼테 마이네 무터 베주헨]
나는 나의 어머니를 방문하고자 했었다.

* an der Bushaltestelle는 '버스 정류장에서'라는 뜻이다. 전치사 an은 '~옆에', '~에서'의 뜻이고 장소를 나타낼 때에 3격을 동반한다.

Ich treffe ihn am Bahnhof. [이히 트레페 인 암 반호프] 나는 그를 기차역에서 만난다.

Ich stehe an der Tür. [이히 슈테에 안 데어 튀어] 나는 문 옆에 서 있다.

◆ Bis gleich!

'안녕!'의 뜻으로 작별인사이지만 상대방과 금방 다시 만나게 될 경우에 사용한다.

Bis nachher! [비스 나흐헤어] 잠시 후에 봐!

Bis Später! [비스 슈페터] 나중에 만나!

Bis dann! [비스 단] 그럼, 이만 안녕!

응용 회화

A   Wo ist die Bank?
보 이스트 디 방크

B   Die Bank ist vor dem Bahnhof.
디 방크 이스트 보어 뎀 반호프

A   Wo ist das Hotel?
보 이스트 다스 호텔

B   Das Hotel ist hinter der Bank.
다스 호텔 이스트 힌터 데어 방크

A   Wo steht die S-Bahn?
보 슈테트 디 에스반

B   Die S-Bahn steht an der Haltestelle.
디 에스반 슈테트 안 데어 할테슈텔레

A   Wo ist Ihr Auto?
보 이스트 이어 아우토

B   Mein Auto ist auf dem Parkplatz.
마인 아우토 이스트 아우프 뎀 파크플라츠

A : 은행은 어디 있어요?

B : 은행은 기차역 앞에 있어요.

A : 호텔은 어디에 있어요?

B : 호텔은 은행 뒤에 있어요.

A : 전차는 어디에 서나요?

B : 전차는 정류장에 서요.

A : 자동차는 어디에 있어요?

B : 제 자동차는 주차장에 있어요.

새 단어

Bahnhof 반호 ⓜ 기차역	S-Bahn 에스반 ⓕ 전차
Hotel 호텔 ⓝ 호텔	Haltestelle 할테슈텔레 ⓕ 정류장
hinter 힌터 뒤에, 뒤쪽으로	Auto 아우토 ⓝ 자동차
steht 슈테트 서다 (기본형 stehen)	Parkplatz 파크플라츠 ⓜ 주차장

해설

▶ 위치를 나타내는 전치사

an [안]	~옆에, ~에	Ich stehe an der Bushaltestelle. [이히 슈테에 안 데어 부스할테슈텔레] 나는 버스정류장에 서 있다.
auf [아우프]	~위에	Der Lastkraftwagen ist auf dem Parkplatz. [데어 라스트크라프트바겐 이스트 아우프 뎀 파크플라츠] 트럭은 주차장에 있다.
hinter [힌터]	~뒤에	Das Hotel ist hinter dem Krankenhaus. [다스 호텔 이스트 힌터 뎀 크랑켄하우스] 호텔은 병원 뒤에 있다.
in [인]	~안에	Sie ist in der Schule. [지 이스트 인 데어 슐레] 그녀는 학교에 있다.
neben [네벤]	~옆에	Die Post ist neben dem Restaurant. [디 포스트 이스트 네벤 뎀 레스토랑] 우체국은 식당 옆에 있다.

über [위버]	～위에, ～건너에	Wir wohnen über dem Fluss. [비어 보넨 위버 뎀 플루스] 우리는 강 건너에 산다.
unter [운터]	～아래에	Ich sitze unter dem Baum. [이히 지체 운터 뎀 바움] 나는 나무 아래에 앉아 있다.
vor [포어]	～앞에	Er ist vor der Post. [에어 이스트 포어 데어 포스트] 그는 우체국 앞에 있다.
zwischen [츠비쉔]	～사이에	Meine Wohnung ist zwischen der Bäckerei und der Buchhandlung. [마이네 보눙 이스트 츠비쉔 데어 백커라이 운트 데어 부흐한들룽] 나의 집은 제과점과 서점 사이에 있다.

Hallo, Deutschland

독일에서는 친구나 가족, 지인이 생일·졸업·결혼 등의 경사를 맞이할 때 미리 **축하 인사**를 하는 것은 금기시된다. 따라서 독일인에게는 경삿날에 축하를 할 수 없다면 그 날이 지나서 축하 인사를 건네도록 하자.

Wechselpräposition
벡셀프래포지찌온 위치 전치사

auf 아우프 ~위에, ~에
auf dem Tisch 아우프 뎀 티쉬 **탁자 위에**

vor 포어 ~앞에
vor dem Fenster 포어 뎀 펜스터 **창문 앞에**

hinter 힌터 ~뒤에
hinter dem Haus 힌터 뎀 하우스 **집 뒤에**

in 인 ~안에
in der Tasche 인 데어 타쉐 **가방 안에**

neben 네벤 ~옆에
neben dem Stuhl 네벤 뎀 슈툴 **의자 옆에**

an 안 ~옆에, ~에
an der Wand 안 데어 반트 **벽에**

unter 운터 ~아래에
unter dem Bett 운더 뎀 베트 **침대 아래에**

über 위버 ~건너에, ~위에
über der Brücke 위버 데어 브뤼케 **다리 위에**

zwischen 츠비쉔 ~사이에
zwischen dem Sofa und dem Tisch
쯔비쉔 뎀 조파 운트 뎀 티쉬 **소파와 탁자 사이에**

🐟 **1** 다음 단어의 우리말 뜻을 쓰세요.

1. Bushaltestelle _____

2. Bahnhof _____

3. Parkplatz _____

4. stehen _____

5. nachher _____

🐟 **2** 빈칸에 알맞은 독일어를 쓰세요.

1. Mein Auto ist _____ Parkplatz. 나의 자동차는 주차장에 있다.

2. Die Post ist _____ der Apotheke _____ der Buchhandlung.
   우체국은 약국과 서점 사이에 있다.

3. Der Bank ist _____ dem Kino. 은행은 영화관 앞에 있다.

4. Ich bin _____ dem Bahnhof. 나는 기차역 뒤에 있다.

5. Ich wohne _____ der Straße. 나는 길 건너에 살고 있다.

1 1. 정류장   2. 기차역   3. 주차장   4. 서다, 서 있다   5. 나중에, 후에

2 1. auf, dem   2. zwischen, und   3. vor   4. hinter   5. über

Tag 25 Haben Sie einen Tisch frei?

기본 회화 🥐

A Wo kann man hier gut essen?

보 칸 만 히어 굳 에쎈

B Geh doch mal zum Imbiss gegenüber!

게 도흐 말 춤 임비스 게겐위버

Da kann man gut preiswert essen.

다 칸 만 굳 프라이스베르트 에쎈

Ach! Mit wem gehst du ins Restaurant?

아흐! 미트 뱀 게스트 두 인스 레스토랑

A Mit meiner Freundin. Am Freitag hat sie Geburtstag.

미트 마이너 프로인딘. 암 프라이탁 하트 지 게부르츠탁

B Ach so! Dann empfehle ich dir das Restaurant Gauß.

아흐 조! 단 엠펠레 이히 디어 다스 레스토랑 가우스

Von dort hat man einen wunderbaren Blick auf die Berge.

폰 도르트 하트 만 아이넨 분더바렌 블릭 아우프 디 베르게

A Wow toll! Sehr schön!

와우 톨! 제어 쇤

B Aber du musst einen Tisch reservieren.

아버 두 무스트 아이넨 티쉬 레제얼비렌

A : 어디에서 식사를 잘할 수 있을까?

B : 길 건너편에 간이식당에 가 봐.

거기서 저렴하게 잘 먹을 수 있어.

아! 누구와 식당에 가는데?

A : 내 여자 친구와. 그녀는 금요일에 생일이야.

B : 아! 그렇구나. 그럼 나는 가우스 식당을 추천할게.

거기에선 멋진 산을 볼 수 있어.

A : 와, 멋지다! 정말 멋져!

B : 그러나 너는 자리를 예약해야만 해.

새 단어

essen 에쎈 먹다

Imbiss 임비스 ⓝ 간이 식당, 스낵 코너

gegenüber 게겐위버 맞은편에, 길 건너편에

preiswert 프라이스베르트 적절한 값인

Restaurant 레스토랑 ⓝ 레스토랑

Freundin 프로인딘 ⓕ 여자 친구

Freitag 프라이탁 ⓜ 금요일

Geburtstag 게부르츠탁 ⓜ 생일

empfehlen 엠펠렌 추천하다, 권하다

blicken 블릭켄 바라보다, 주시하다

wunderbar 분더바 놀라운, 기이한

Berg 베르크 ⓜ 산

müssen 뮈쎈 ~해야만 한다

Tisch 티쉬 ⓜ 탁자, 식탁, 테이블

reservieren 레제르비렌 예약하다

◆ **Wo kann man gut essen?**

어디에서 식사를 잘 할 수 있을지 식당을 묻는 표현이다. kann은 화법조동사이고 주어가 3
인칭 단수인 man이기 때문에 können [쾬넨]이 강변화하였다. 화법조동사와 함께 쓰이는
기본동사 essen은 기본형으로 쓰고 문장의 맨 뒤에 온다.

◆ **Geh doch mal in den Imbiss gegenüber!**

명령문이다. du에 대한 명령문이기 때문에 동사 gehen을 문장의 맨 앞에 두고 어미 –en
을 생략하였다. Imbiss는 작은 간이식당을 말한다. 주로 셀프서비스로 이용되는 스낵 코너
같은 간단한 식사를 할 수 있는 식당이다.

◆ **preiswert**

'적당한 가격인'이라는 뜻으로 그 가격의 물건을 사면 이득이라는 뜻도 포함되어 있다.

◆ **Mit wem gehst du ins Restaurant?**

이 문장에서 mit wem은 전치사와 의문사의 결합에서 사람이 대상이 될 때 쓰는 표현이다.
전치사 mit와 사물이 결합할 경우에는 womit라고 쓴다. ins Restaurant에서 in은 '~로'
장소의 이동을 뜻하므로 4격을 동반한다. 명사 Restaurant가 중성명사라 관사 4격인 das
가 온 형태이다. in das는 ins로 쓸 수 있다.

◆ **Du musst einen Tisch reservieren**

식당에서 자리를 예약해야 한다는 의미이다. 화법조동사 müssen은 '~해야만 한다'는 강력
한 의무를 뜻한다. '~임에 틀림없다'는 강한 추정의 의미로도 쓰인다. 우리말로 '~해야만 한
다'라고 해석되기도 하는 sollen과 비교하자면, sollen은 권고에 가깝고 müssen은 필연
적 의무라고 할 수 있겠다.

변화형은 다음의 표와 같다.

단수	ich	muss [무스]	복수	wir	müssen [뮈센]
	du	musst [무스트]		ihr	müsst [뮈스트]
	er/sie/es	muss [무스]		sie/Sie	müssen [뮈센]

Ich muss zum Arzt gehen. [이히 무스 춤 아르츠트 게엔] 나는 의사에게 가야만 한다.

Er muss sein Kind abholen. [에어 무스 자인 킨트 압홀렌]

그는 그의 아이를 데리러 가야만 한다.

Wir müssen die Bücher kaufen. [비어 뮈센 디 뷔허 카우펜]

우리는 이 책들을 사야만 한다.

◆ **empfehlen**

'~권하다', '추천하다'라는 뜻이다. '~에게 ~을 추천하다'라고 표현할 때에는 Ich empfehle dir das Buch.[이히 엠펠레 디어 다스 부흐]의 문장에서처럼 인칭대명사 3격과 4 격 목적어를 사용한다.

Wir empfehlen euch das Hotel. [비어 엠펠렌 오이히 다스 호텔]

우리는 너희에게 이 호텔을 추천한다.

응용 회화

A Haben Sie noch am Freitagabend einen
Tisch am Fenster frei?

하벤 지 노흐 암 프라이탁아벤트 아이넨 티쉬 암 펜스터 프라이

B Einen Moment bitte.

아이넨 모멘트 비테.

Am Fenster ist kein Tisch frei.

암 펜스터 이스트 카인 티쉬 프라이

Wie ist ein Tisch draußen auf der Terrasse?

비 이스트 아인 티쉬 드라우쎈 아우프 데어 테라쎄

A Noch besser! Ich nehme den Tisch.

노흐 베써! 이히 네메 덴 티쉬

A : 금요일 저녁에 창가 쪽 자리가 있나요?

B : 잠시만요.

창가 쪽에는 자리가 없어요.

야외 테라스 자리는 어떠세요?

A : 더 좋아요! 그 자리로 할게요.

새 단어

frei 프라이 자유로운, 무료의, 비어 있는	Tisch 티쉬 ⓜ 탁자
draußen 드라우쎈 밖에서, 밖으로	Fenster 펜스터 ⓝ 창문
Terrasse 테라쎄 테라스	Moment 모멘트 ⓜ 잠시, 잠깐
haben 하벤 가지다, 소유하다	bitte 비테 부디, 좀
noch 노흐 아직, 여전히	besser 베써 보다 좋은
Abend 아벤트 ⓜ 저녁	nehme 네메 가지다, 취하다 (기본형 nehmen)

◆ **frei haben**

'비다'라는 뜻으로 자리가 비었는지 여부를 말할 때 사용한다. 버스나 기차에서 자리가 비었는지 물을 때에는 'Ist hier noch frei?'[이스트 히어 노흐 프라이]라고 묻고, 자리가 다 찼으면 'Hier ist alles besetzt!'[히어 이스트 알레스 베제츠트]라고 대답한다.

◆ **wie ist~**

'어떤가요?'라는 뜻으로 Wie wäre es?[비 베레 에스]라고 묻기도 한다.

Wie wäre ein Tisch draußen? [비 베레 아인 티쉬 드라우쎈]　밖에 자리는 어떠신가요?

◆ **noch besser**

Das ist noch besser.[다스 이스트 노흐 베써]로, '그것이 더 좋다.'라는 뜻이다. besser는 gut의 비교급이다. 독일어에서 형용사나 부사를 비교급으로 만들 때에는 원급에 -er을 붙인다. 그러나 이 규칙에 따르지 않는 경우도 있으므로 주의한다.

원급	비교급
billig [빌리히] 값싼	billiger [빌리거] 더 값싼
alt [알트] 낡은, 늙은	älter [앨터] 더 오래된
groß [그로쓰] 넓은, 큰	größer [그뢰써] 더 큰
schnell [쉬넬] 빠른	schneller [쉬넬러] 더 빠른

• 두 대상을 비교할 경우에는 '~보다'라는 뜻의 als를 사용한다.

Meine Mutter ist größer als mein Vater. [마이네 무터 이스트 그뢰써 알스 마인 파터]
나의 어머니는 아버지보다 더 크시다.
Paul ist älter als Sonja. [파울 이스트 앨터 알스 존야]　파울이 존야보다 나이가 더 많다.

• 비교급을 강조할 경우에는 viel[필]을 쓴다.

Mein Bruder ist viel fleißiger als ich. [마인 브루더 이스트 빌 플라이씨거 알쓰 이히]
나의 남동생이 나보다 훨씬 더 부지런하다.

✏ **1** 다음 단어의 우리말 뜻을 쓰세요.

1. preiswert _____

2. reservieren _____

3. empfehlen _____

4. frei _____

5. gegenüber _____

✏ **2** 빈칸에 알맞은 독일어를 쓰세요.

1. Du _____ einen Tisch reservieren. 너는 자리를 예약해야만 한다.

2. Er _____ zum Arzt gehen. 그는 병원에 가야만 한다.

3. Paul ist älter _____ ich. 파울은 나보다 나이가 많다.

4. Ich bin _____ als mein Bruder. 나는 나의 형보다 키가 크다.

5. Ist hier ein Platz _____ ? 여기에 자리가 있습니까?

die Landschaft 란트샤프트 풍경, 경치

Fluss 플루스 ⓜ 강, 하천

See 제 ⓜ 호수

Meer 메어 ⓝ 바다

Strand 슈트란트 ⓜ 해변, 해안가

Tal 탈 ⓝ 계곡, 골짜기

Bach 바흐 ⓜ 개울, 시냇가

Höhle 횔레 ⓕ 동굴

Felsen 펠젠 ⓜ 바위, 암석

Hügel 휘겔 ⓜ 언덕, 구릉

Felswand 펠스반트 ⓕ 암벽

Berg 베르크 ⓜ 산

Wald 발트 ⓜ 숲, 수풀

Wiese 비제 ⓕ 초원

Feld 펠트 ⓝ 들판

Wasserfall 바써팔 ⓜ 폭포

Vulkan 불칸 ⓜ 화산

Insel 인젤 ⓕ 섬

Sandwüste 잔트뷔스테 ⓕ 사막

249

기본 회화

A Guten Tag! Mein Name ist Paul Sauer.

구텐 탁! 마인 나메 이스트 파울 자우어

Ich muss leider die Reservierung absagen.

이히 무스 라이더 디 레제어비룽 압자겐

Wir können leider nicht kommen.

비어 쾬넨 라이더 니히트 콤멘

B Brauchen Sie eine neue Reservierung?

브라우헨 지 아이네 노이에 레제어비룽

A Nein, danke.

나인, 당케

A : 안녕하세요. 제 이름은 파울 자우어입니다.

저는 예약을 취소해야 합니다.

우리는 갈 수가 없어요.

B : 당신은 새로운 예약을 하시겠습니까?

A : 아닙니다. 감사합니다.

새 단어

muss 무스 ~해야 한다 (기본형 müssen)	absagen 압자겐 취소하다
leider 라이더 유감스럽게도	brauchen 브라우헨 필요하다
Reservierung 레제어비룽 ⓕ 예약	neu 노이 새로운

◆ **Ich muss leider die Reservierung absagen.**

예약을 취소하는 표현이다. 화법조동사 müssen을 사용하여 취소해야만 함을 강조하였
다. 동사 absagen은 '취소하다', '약속의 취소를 알리다'라는 뜻이다. '약속을 취소하다'라
고 표현할 때에는 보통 einen Termin absagen이라고 말한다. 또, 약속을 연기할 경우에
는 einen Termin verschieben[아이넨 테르민 페어쉬벤], 약속을 변경할 경우에는 einen
Termin ändern[아이넨 테르민 앤던]이라고 말한다.

> **Ich muss den Termin absagen.** [이히 무스 덴 테르민 압자겐]
> 저는 그 약속을 취소해야만 합니다.
> **Ich soll unseren Termin verschieben.** [이히 졸 운저렌 테르민 페어쉬벤]
> 저는 우리의 약속을 연기해야 합니다.
> **Er soll seinen Termin ändern.** [에어 졸 자이넨 테르민 앤던]
> 그는 그의 약속을 변경해야만 합니다.

◆ **Brauchen Sie eine neue Reservierung?**

'예약을 하시겠습니까?'라는 의미인데, 동사 brauchen은 '필요로 하다', '사용하다', '필요하
다'라는 뜻이 있다. 상점에서 손님이 Ich brauche Reis.[이히 브라우헤 라이스]라고 말하면,
'저는 쌀이 필요합니다.' 즉, 상인에게 Haben Sie Reis?[하벤 지 라이스] '쌀 있어요?'라고
묻는 것과 같은 의미이다.

응용 회화

A Guten Tag!

구텐 탁

Ich habe heute einen Termin bei Herrn Dr. Sauer.

이히 하베 호이테 아이넨 테르민 바이 헤른 독터 자우어

Darf ich bitte später kommen?

다르프 이히 비테 슈페터 콤멘

B Wann möchten Sie?

반 뫼히텐 지

A Kann ich den Termin auf Freitag verschieben?

칸 이히 덴 테르민 아우프 프라이탁 베어쉬벤

B Moment mal bitte!

모멘트 말 비테

Am Freitag um elf habe ich noch einen Termin frei.

암 프라이탁 움 엘프 하베 이히 노흐 아이넨 테르민 프라이

A Super! Das passt sehr gut! Danke schön!

주퍼! 다스 파스트 제어 굳! 당케 쉔

A : 안녕하세요!

저는 오늘 자우어 박사님과 약속이 되어 있는데요.

제가 좀 나중에 방문해도 될까요?

B : 언제를 원하세요?

A : 금요일로 약속을 연기할 수 있을까요?

B : 잠시만요!

금요일 11시에 약속이 비었어요.

A : 좋아요! 그때 괜찮아요. 감사합니다!

Termin 테르민 ⓜ 약속

später 슈페터 더 늦은, 나중의

Freitag 프라이탁 ⓜ 금요일

bitte 비테 부디, 제발

verschieben 페어쉬벤 연기하다, 미루다

Moment 모멘트 ⓜ 순간

elf 엘프 숫자 11

super 주퍼 멋진, 최고의

passt 파스트 알맞다, 적합하다 (기본형 passen)

해설

◆ **Ich habe heute einen Termin bei Herrn Dr. Sauer.**

'~에 약속이 있다'고 할 때에는 전치사 bei를 쓴다. bei Herrn Dr. Sauer는 일반적으로 병원의 의사 선생님을 뜻한다.

◆ **Darf ich bitte später kommen?**

später는 '보다 더 늦은', '나중에'를 뜻한다. '늦어도'는 spätestens [슈페테스텐스]로 nicht später als [니히트 슈페터 알스] '~보다 늦지 않은'과 같다.

★ 형용사의 최상급은 원급에 -st를 붙인다.

schön [쇤] 아름다운	schönst [쇤스트] 가장 아름다움	hell [헬] 밝은	hellst [헬스트] 가장 밝은
klein [클라인] 작은	kleinst [클라인스트] 가장 작은	teuer [토이어] 비싼	teuerst [토이어스트] 가장 비싼

Sie ist die kleinste Studentin. [지 이스트 디 클라인스테 스튜덴틴]
그녀는 가장 작은 학생이다.

Das ist die teuerste Tasche. [다스 이스트 디 토이어스테 타쉐]   그것은 가장 비싼 가방이다.

그러나 원급의 어간 철자 중에 모음 a, o, u가 있을 경우에는 일반적으로 어미 −st를 붙이고 움라우트를 쓴다.

jung [융] 젊은	jüngst [융스트] 가장 젊은	arm [아름] 가난한	ärmst [애름스트] 가장 가난한
lang [랑] 긴	längst [랭스트] 가장 긴	hoch [호흐] 높은	höchst [회흐스트] 가장 높은

Das ist das höchste Gebäude in der Welt.
[다스 이스트 다스 회흐스테 게보이데 인 데어 벨트]　그것은 세상에서 가장 높은 건물이다.

또한 원급이 −t, −d, −s, −z, −ß, −sch로 끝나는 단어인 경우에는 어미 −e−를 붙여서 −est로 쓴다.

kurz [쿠르쯔] 짧은	kürzest [퀴르쩨스트] 가장 짧은	heiß [하이쓰] 뜨거운	heißest [하이쎄스트] 가장 뜨거운
hart [하르트] 단단한	hartest [하르테스트] 가장 단단한	frisch [프리쉬] 신선한	frischest [프리쉐스트] 가장 신선한

Das ist der kürzeste Bleistift. [다스 이스트 데어 퀴르쩨스테 블라이스티프트]
그것은 가장 짧은 연필이다.

◆ Kann ich den Termin auf Freitag verschieben?
'~로 약속을 연기하다'라고 할 때에는 전치사 auf 를 쓴다. '다음 주 화요일로'는 auf den nächsten Dienstag[아우프 덴 내흐스텐 딘스탁] 이다.

■ 다음 단어의 우리말 뜻을 쓰세요.

1. absagen _____

2. verschieben _____

3. Termin _____

4. ändern _____

5. passen _____

2 빈칸에 알맞은 독일어를 쓰세요.

1. Heute habe ich einen _____. 나는 오늘 약속이 있다.

2. Darf ich _____ kommen? 제가 나중에 와도 될까요?

3. Kann ich den _____ _____? 약속을 연기할 수 있을까요?

4. Das ist die _____ Tasche. 그것은 가장 비싼 가방이다.

5. Darf ich den _____ _____? 제가 약속을 변경해도 될까요?

정답

■ 1. 취소하다　2. 연기하다　3. 약속　　　4. 변경하다　5. 알맞다. 적합하다

2 1. Termin　2. später　3. Termin, verschieben　4. teuerste　5. Termin, ändern

Synonym 지노쌤 동의어 1

기분 **Laune** 라우네 ⓕ /
Stimmung 슈팀뭉 ⓕ

기쁜, 즐거운 **froh** 프로 /
erfreulich 에어프로이리히

슬픔, 비통 **Jammer** 얌머 ⓜ /
Trauer 트라우어 ⓕ

아픈 **krank** 크랑크 /
weh 베

화난 **ärgerlich** 에르거리히 / **wütend** 뷔텐트

활발한 **beweglich** 베베글리히 /
lebendig 레벤디히

확실한 **sicher** 지혀 /
genau 게나우

쾌적한 **gemütlich** 게뮈트리히 /
behaglich 베하그리히

충분한 **genug** 게눅 /
ausreichend 아우스라이헨트

화려한 **prächtig** 프래흐티히 /
prachtvoll 프래흐트폴

게으른 **faul** 파울 /
träge 트래게

Sie ist so klein wie meine Mutter.

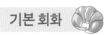 기본 회화

A   Ich möchte dir meine Schwester vorstellen.

이히 뫼히테 디어 마이네 슈베스터 포어슈텔렌

Sie heißt Julia.

지 하이스트 율리아

Sie ist 25 Jahre alt.

지 이스트 퓐프운트츠반찌히 야레 알트

Sie ist kleiner als ich.

지 이스트 클라이너 알스 이히

Sie ist so schlank wie Sonja.

지 이스트 조 쉬랑크 비 존야

B   Ich möchte sie gern mal treffen.

이히 뫼히테 지 게른 말 트레펜

A : 나는 너에게 내 여동생을 소개시켜 주고 싶어.

그녀 이름은 율리아야.

그녀는 25살이야.

그녀는 나보다 키가 작아.

그녀는 존야처럼 날씬해.

B : 나는 그녀를 만나보고 싶어!

해 설

◆ **Sie ist so klein wie meine Mutter.**

'그녀는 나의 어머니만큼 키가 작다.'라는 뜻이다. 〈so+형용사+wie〉를 써서 '～만큼 ～한'
이라는 뜻의 원급 비교형을 만들 수 있다.

Sie ist so schlank wie Sonja. 역시도 '존야만큼 날씬한'이라는 원급 비교이다. '～만큼
～아닌'이라는 뜻으로 부정을 나타낼 때에는 **nicht**를 쓴다.

> **Er ist** so dick wie **mein Bruder.** [에어 이스트 조 딕 비 마인 브루더]
> 그는 나의 형만큼 뚱뚱하다.
> **Der Hund ist** so süβ wie **meine Katze.** [데어 훈트 이스트 조 쥐스 비 마이네 카쩨]
> 그 개는 나의 고양이만큼 귀엽다.
> **Er ist** nicht so **fleiβig** wie **du.** [에어 이스트 니히트 조 플라이씨히 비 두]
> 그는 너만큼 부지런하지 않다.

◆ **vorstellen**

'～에게 ～를 소개하다'라는 뜻이다.

> **Darf ich Sie meinem Bruder** vorstellen? [다르프 이히 지 마이넴 브루더 포어슈텔렌]
> 제가 당신을 제 형에게 소개해도 될까요?

◆ **Sie ist kleiner als ich.**

'그녀는 나보다 키가 작다'라는 뜻으로, 앞에서(25과) 설명한 형용사 비교급이다.

응용 회화

A Haben Sie Kinder?

하벤 지 킨더

B Ja, ich habe einen Sohn.

야, 이히 하베 아이넨 존

A Wie sieht er aus?

비 지트 에어 아우스

B Er ist so groß wie ich.

에어 이스트 조 그로쓰 비 이히

Er hat ein schmales Gesicht, schwarze Augen,

에어 하트 아인 쉬말레스 게지히트 디 쉬바르체 아우겐,

eine große Nase und lange Beine.

아이네 그로쎄 나제 운트 랑에 바이네

Er ist sportlich und intelligent.

에어 이스트 슈포르트리히 운트 인텔리겐트

A Wow! Er ist bestimmt attraktiv.

와우! 에어 이스트 베쉬팀트 아트락티브

A : 당신은 아이가 있으세요?

B : 네, 아들 하나가 있어요.

A : 그는 어떻게 생겼어요?

B : 그는 저처럼 키가 커요.

그는 갸름한 얼굴, 검은 눈,

큰 코와 긴 다리를 가졌어요.

그는 운동을 잘하고 지적이에요.

A : 우와! 그는 분명히 매력적이겠어요.

attraktiv 아트락티브 매력적인

Kinder 킨더 *pl* 아이들 (kind의 복수형)

Sohn 존 *m* 아들

aussehen 아우스제엔 ~처럼 보이다

groß 그로쓰 큰, 넓은

schmal 쉬말 좁은, 가늘고 긴

Gesicht 게지히트 *n* 얼굴

schwarz 쉬바르쯔 검은

Augen 아우겐 *pl* 눈들 (Auge의 복수형)

Nase 나제 *f* 코

lang 랑 긴

Beine 바이네 *pl* 다리들 (Bein의 복수형)

sportlich 쉬포르트리히 스포츠의, 스포츠로 단련된

intelligent 인텔리겐트 지적인, 이지적인

bestimmt 베슈팀트 확실히

해설

◆ **aussehen**

'~처럼 보이다'라는 뜻이다.

> Er sieht jung aus. [에어 지이트 융 아우스] 그는 젊어 보인다.
> Du siehst müde aus. [두 지이트 뮈데 아우스] 너는 피곤해 보인다.

◆ **Er hat ein schmales Gesicht, schwarze Augen.**

이 문장에서 ein schmales Gesicht는 '갸름한 얼굴'이라는 뜻이다. 명사를 꾸며주는 형용사를 명사 앞에서 부정관사와 함께 쓸 때, 형용사는 뒤따르는 명사의 성과 격에 따라서 다음 표와 같이 어미 변화를 한다.

〈성과 격에 따른 형용사 어미 변화 - 부정관사 + 형용사 + 명사〉

	남성	중성	여성
1격	-er	-es	-e
2격	-en	-en	-en
3격	-en	-en	-en
4격	-en	-es	-e

ein schmales Gesicht에서 Gesicht는 중성명사이다. 그리고 이 문장에서 haben
동사의 4격 목적어로 쓰였다. 따라서 형용사 뒤에 어미 -es가 붙어 schmales가 된다.
schwarze Augen에서도 명사 Augen이 복수이고 4격 목적어로 쓰였기 때문에 '검은'
의 schwarz에 어미 -e가 붙었다. eine große Nase, lange Beine도 마찬가지이다.
Beine가 복수이기 때문에 형용사 lang에 -e가 붙었다.

> Das ist ein guter Wein. [다스 이스트 아인 구터 바인]   이것은 좋은 와인입니다
> Ich habe eine gute Idee. [이히 하베 아이네 구터 이데]   나는 좋은 생각이 있습니다.
> Das ist ein interessantes Buch. [다스 이스트 아인 인터레싼테스 부흐]
> 이것은 재미있는 책입니다.

Hallo, Deutschland

독일의 **교육**은 초등, 중등, 고등 교육으로 나뉜다. 만 6세가 되면 초등교육기관인 그룬트슐레
(Grundschule)에 입학하고 일반적으로 4학년의 과정을 거친다. 5학년이 되면 중등교육기관인
김나지움(Gymnasium), 레알슐레(Realschule), 하우프트슐레(Hauptschule) 중 한 곳에 입학하
는데 김나지움은 성적이 우수하여 대학에 진학하고자 하는 학생이 입학을 하고 레알슐레와 하
우프트슐레는 직업교육을 받고자 하는 학생이 입학을 한다. 5학년부터 인문계와 실업계를 나누
는 것이 이르다고 생각하여 일부에서는 3가지 유형의 학교를 통합한 게잠트슐레(Gesamtschule)
라는 종합학교에 입학하기도 한다. 김나지움 졸업생은 아비투어를 보고 대학에 진학을 하고 중
등 교육기관 직업학교 졸업생들은 직업특화학교로 진학을 하여 졸업 후 직장에 취직을 한다.

1 다음 단어의 우리말 뜻을 쓰세요.

1. süß _____

2. sportlich _____

3. schmal _____

4. attraktiv _____

5. intelligent _____

2 빈칸에 알맞은 독일어를 쓰세요.

1. Er hat das _____ Gesicht. 그는 갸름한 얼굴을 가지고 있다.

2. Er ist _____ groß _____ ich. 그는 나처럼 키가 크다.

3. Sie ist _____ als ich. 그녀는 나보다 키가 작아.

4. Ich habe eine _____ Nase. 나는 큰 코를 가지고 있다.

5. Er hat eine _____ Jacke. 그는 빨간 재킷이 있다.

1 1. 귀여운   2. 스포츠로 단련된   3. 좁은   4. 매력적인   5. 이지적인

2 1. schmale   2. so, wie   3. kleiner   4. große   5. rote

Synonym 지노뇜 동의어 2

질투 **Eifersucht** 아이퍼주흐트 ⓕ /
Neid 나이트 ⓜ

두려움 **Furcht** 프루흐트 ⓕ /
Angst 앙스트 ⓕ

괴로운 **peinlich** 파인리히 /
qualvoll 크발폴

냉정한 **herzlos** 헤르쯔로스 /
gefühlskalt 게퓰스칼트

깔끔한 **sauber** 자우버 /
gepflegt 게플렉트

부지런한, 근면한 **fleißig** 플라이씨히 /
arbeitsam 아르바이트잠

귀찮은 **lästig** 레스티히 /
belastend 베라스텐트

귀여운 **süß** 쮜스 /
niedlich 니트리히

관대한 **gütig** 귀티히 /
großzügig 그로쓰취기히

건강한 **gesund** 게준트 /
fit 피트

265

Tag 28 Ich hatte keine Zeit.

기본 회화

A Was sind Sie von Beruf?
바스 진트 지 폰 베루프

B Ich habe noch keine Berufserfahrung.
이히 하베 노흐 카이네 베루프스에어파룽

Ich studiere noch.
이히 스투디레 노흐

A Was wollen Sie beruflich machen?
바스 볼렌 지 베루프리히 마헨

B Ich mochte Arzt werden.
이히 뫼히테 아르츠트 베르덴

A : 당신은 직업이 무엇입니까?
B : 저는 아직 직업 경험이 없습니다.
　　저는 아직 공부 중입니다.
A : 당신은 무슨 직업을 가지고 싶으신가요?
B : 저는 의사가 되고 싶습니다.

 새 단어

Berufserfahrung 베루프스에어파룽 ⓕ 직업 실무 경험
studiere 스투디레 전공하다. 대학에서 배우다 (기본형 studieren)
beruflich 베루프리히 직업상의

machen 마헨 ～하다. 만들다
Arzt 아르츠트 ⓜ 의사
werden 베르덴 ～이 되다

◆ **Was sind Sie von Beruf?**

'당신의 직업은 무엇입니까?'라는 뜻으로, 상대방의 직업을 묻는 표현이다. 독일인들은 취업하기 위해서 일반적으로 Ausbildung [아우스빌둥]이라는 직업 교육을 받는다. 다양한 분야의 교육이 있고, 이 교육을 받은 후 취득하는 자격증으로 취업을 한다. 그러나 연구 직종에 종사하기를 원하면 대학에서 그 분야의 학위를 받아야 한다.

◆ **Ich habe noch keine Berufserfahrung.**

keine Berufserfahrung은 명사 Berufserfahrung이 여성이고 haben 동사의 목적격 4격으로 쓰였기 때문에 kein에 어미 −e를 붙인다.

◆ **Was wollen Sie beruflich machen?**

beruflich는 '직업상의', '업무상의'라는 뜻이다. '직업적으로 하다'는 beruflich machen, '출장가다'는 beruflich verreisen [베루프리히 페어라이젠]이다. musizieren은 '음악을 연주하다'라는 뜻이지만, beruflich musizieren '직업적으로 연주하다'로 '음악가'를 의미한다.

◆ **Ich will Arzt werden.**

동사 werden은 '∼이 되다'라는 뜻으로 wollen 동사와 함께 쓰여 '∼가 되고자 한다'를 의미한다. 화법조동사 wollen과 함께 쓰였으므로 기본동사 werden은 문장의 맨 마지막에 위치한다.

응용 회화

A Paul, Wollen wir heute ins Kino gehen?
파울, 볼렌 비어 호이테 인스 키노 게엔

B Nein, ich muss meine Hausaufgaben machen.
나인 이히 무스 마이네 하우스아우프가벤 마헨

Gestern hatte ich keine Zeit.
게스터른 하테 이히 카이네 차이트

A Ach, schade.
아흐, 샤데

A : 파울, 오늘 우리 영화관에 갈까?
B : 아니, 나는 숙제를 해야만 해.
　　 어제 나는 시간이 없었어.
A : 아, 아쉽다.

새 단어

Kino 키노 ⓝ 영화관, 영화 상영
muss 무스 ～해야만 한다 (기본형 müssen)
Hausaufgaben 하우스아우프가베 ⓕ 과제, 숙제
machen 마헨 하다, 만들다
Gestern 게스터른 어제

keine 카인 ～가 없는, ～가 아닌 (부정 수량형용사 kein
의 활용형)
Zeit 차이트 ⓕ 시간, 기간
schade 샤데 유감스러운, 아쉬운

◆ **Gestern hatte ich keine Zeit.**

'어제 나는 시간이 없었다.'라는 말로 과거시제를 나타낸다. 독일어에서 과거에 일어난 일을 표현할 때에는 주로 현재완료를 사용한다. 그러나 과거 사건을 순서대로 기록할 때에는 주로 과거형으로 쓴다.

ich	hatte [하테]	wir	hatten [하텐]
du	hattest [하테스트]	ihr	hattet [하테트]
er/sie/es	hatte [하테]	Sie/sie	hatten [하텐]

동사를 과거형으로 나타낼 때에는 일반적으로 〈동사어간+te〉의 규칙으로 변화시킨다. 어간이 –d, –t, –chn, –dm, –tm으로 끝나는 경우에는 〈동사어간+ete〉의 규칙으로 동사의 과거형을 만든다.

동사	과거형
spielen [슈필렌] 놀다	spiel-te [슈필테]
sagen [자겐] 말하다	sag-te [작테]
wohnen [보넨] 살다	wohn-te [본테]
kaufen [카우펜] 사다	kauf-te [카우프테]
holen [홀렌] 가져오다	hol-te [홀테]
arbeiten [아르바이텐] 일하다	arbeit-ete [아르바이테테]
lernen [레르넨] 배우다	lern-te [레른테]
machen [마헨] ~하다	mach-te [마흐테]

〈동사의 과거 인칭변화〉

ich	동사어간+te	machte [마흐테]
du	동사어간+test	machtest [마흐텐]
er/sie/es	동사어간+te	machte [마흐테]
wir	동사어간+ten	machten [마흐텐]
ihr	동사어간+tet	machtet [마흐테트]
sie/Sie	동사어간+ten	machten [마흐텐]

Er spielte Tennis. [에어 슈필테 테니스] 그는 테니스를 쳤다.

Sie wohnte in Seoul. [지 본테 인 서울] 그녀는 서울에 살았다.

Wir kauften Brötchen. [비어 카우프텐 브뢰헨] 우리는 빵을 샀다.

Sie arbeiteten bei einer Bank. [지 아르바이테텐 바이 아이너 방크]
당신은 은행에서 일을 하셨습니다.

Ich lernte Deutsch. [이히 레른테 도이치] 나는 독일어를 배웠다.

Mein Vater holte mich ab. [마인 파터 홀테 미히 압] 나의 아버지가 나를 데리러 오셨었다.

◆ schade

'유감스러운, 안타까운, 아쉬운'의 뜻이다.

Das ist aber schade.[다스 이스트 아버 샤데]는 '그것이 정말 유감이다.'라는 뜻이다. 상대방이 안타까운 일을 겪었거나, 어떤 일이 제대로 진행되지 않았을 때 사용한다. 그리고 Schaden[샤덴]은 '손해, 손실'이라는 뜻의 명사인데, schadenfroh [샤덴프로]라고 하면 '상대의 불행이 기쁜', '상대의 불행이 고소한'의 뜻이다.

1 다음 단어의 우리말 뜻을 쓰세요.

1. Berufserfahrung _____

2. Ausbildung _____

3. verreisen _____

4. musizieren _____

5. schadenfroh _____

2 빈칸에 알맞은 독일어를 쓰세요.

1. Ich _____ keine Zeit. 나는 시간이 없었다.

2. Er _____ Tennis. 그는 테니스를 쳤다.

3. Ich _____ Deutsch. 나는 독일어를 배웠다.

4. Er _____ keine Berufserfahrung. 그는 직업 실무 경험이 없다.

5. Sie will Arzt _____. 그녀는 의사가 되고자 한다.

die Pflanze 플란쩨 식물

Blume 블루메 ⓕ 꽃

Blatt 블라트 ⓝ 잎

Baum 바움 ⓜ 나무

Sprosse 슈프로쎄 ⓜ 새싹, 어린 눈

Stamm 슈탐 ⓜ 나무줄기

Ast 아스트 ⓜ 가지

Blumentopf 블루멘토프 ⓜ 화분

Gingko 깅코 ⓜ 은행나무

Ahorn 아흥 ⓜ 단풍나무

Kiefer 키퍼 ⓕ 소나무

Lindenbaum 린덴바움 ⓜ 보리수

Rose

로제 ⓕ 장미

Osterglocke

오스터글록케 ⓕ 수선화

Lilie

릴리 ⓕ 백합

Tulpe

툴페 ⓕ 튤립

Kamille

카밀레 ⓕ 국화

Sonnenblume

존넨블루메 ⓕ 해바라기

Tag 29

Ich war in Berlin.

기본 회화

A Wann haben Sie geheiratet?

반 하벤 지 게하이라테트

B Ich habe vor 10 Jahren geheiratet.

이히 하베 포어 첸 야렌 게하이라테트

Damals war ich 31 Jahre alt.

다말스 바 이히 아인운트드라이씨히 야레 알트

Ich war in Berlin.

이히 바 인 베를린

Dort habe ich meine Frau kennengelernt.

도르트 하베 이히 마이네 프라우 켄넨게레른트

A : 당신은 언제 결혼을 하셨습니까?

B : 저는 10년 전에 결혼을 했습니다.

당시에 저는 31살이었죠.

저는 베를린에 있었습니다.

그곳에서 저의 아내를 알게 되었습니다.

새 단어

heiraten 하이라텐 결혼하다	war 바 sein 과거형
Jahr 야 ⑥ 연, 해	kennenlernen 켄넨레르넨 알게 되다, 아는 사이가 되다
damals 다말스 당시에	

◆ **Wann sind Sie nach Deutschland gekommen?**

현재완료형 문장이다. 독일어의 구어체에서 과거에 일어난 일을 이야기할 때에는 주로 현재
완료형의 문장으로 말한다.

현재완료형 문장은 〈haben+동사의 과거분사〉 형태나 〈sein+동사의 과거분사〉 형태로 이
루어진다. 일반적으로 동사를 과거분사형으로 만들 때에는 〈ge+동사의 어간+t〉라는 기본
규칙이 있다.

예를 들어 machen 동사의 과거형은 mach+te ➜ machte, 과거분사형은 ge+mach+t
➜ gemacht 가 된다.

동사	과거형	과거완료형
spielen [슈필렌] 놀다	spiel-te [슈필테]	ge-spiel-t [게슈필트]
sagen [자겐] 말하다	sag-te [작테]	ge-sag-t [게작트]
wohnen [보넨] 살다	wohn-te [본테]	ge-wohn-t [게본트]
kaufen [카우펜] 사다	kauf-te [카우프테]	ge-kauf-t [게카우프트]
holen [홀렌] 가져오다	hol-te [홀테]	ge-hol-t [게홀트]
arbeiten [아르바이텐] 일하다	arbeit-ete [아르바이테테]	ge-arbeit-et [게아르바이테트]
lernen [레르넨] 배우다	lern-te [레른테]	ge-lern-t [게헤른트]
machen [마헨] ~하다	mach-te [마흐테]	ge-mach-t [게마흐트]

◆ **Wann haben Sie geheiratet?**

'당신은 언제 결혼하셨습니까?'라고 묻는 표현으로 현재완료형 문장이다. 의문사가 있는 현
재완료형 문장을 만들 때는 〈의문사+haben(sein)+주어+…+과거분사〉의 어순을 따른다.

Was hast du im Supermarkt gekauft? [바스 하스트 두 임 쥬퍼마크트 게카우프트]
너는 슈퍼마켓에서 무엇을 샀어?

Wer hat dir das Buch geschenkt? [베어 하트 디어 다스 부흐 게쉔크트]

누가 너에게 이 책을 선물했어?

Warum hast du deine Hausaufgaben nicht gemacht?

[바룸 하스트 두 다이네 하우스아우프가벤 니히트 게마흐트]   너는 왜 숙제를 하지 않았니?

◆ **Dort habe ich meine Frau kennengelernt.**

kennengelernt는 문장에서 후치되어 있다. 현재완료형의 문장에서는 과거분사가 문장의 맨 뒤에 위치한다.

◆ **Ich war in Berlin.**

과거시제 문장이다. sein 동사(~이다)의 과거형 변화는 다음과 같다.

ich	war [바]	wir	waren [바렌]
du	warst [발스트]	ihr	wart [바르트]
er/sie/es	war [바]	Sie/sie	waren [바렌]

응용 회화

A   Wann hast du Paul getroffen?
반 하스트 두 파울 게트로펜

B   Vorgestern habe ich ihn getroffen.
포어게스터른 하베 이히 인 게트로펜

A   Was habt ihr gemacht?
바스 합트 이어 게마흐트

B   Wir haben Fußball gespielt.
비어 하벤 푸스발 게슈필트

A : 너는 언제 파울을 만났어?

B : 그저께 나는 그를 만났어.

A : 너희는 무엇을 했어?

B : 우리는 축구를 했어.

새 단어

treffen 트레펜 만나다	Fußball 푸스발 ⓜ 축구
vorgestern 포어게스터른 그저께	gespielt 게슈필트 spielen의 과거분사
gemacht 게마흐트 machen의 과거분사	

해설

◆ **Wann hast du Paul getroffen?**

현재완료형 문장이다. treffen 동사는 '만나다'라는 의미로 시제변화형이 불규칙적이다. 불규칙 변화하는 동사의 예는 다음과 같다.

현재	과거	과거완료
fahren [파렌] 가다	fuhr [푸어]	gefahren [게파렌]
treffen [트레펜] 만나다	traf [트라프]	getroffen [게트로펜]
gehen [게엔] 가다	ging [깅]	gegangen [게강엔]
sprechen [슈프레헨] 말하다	sprach [슈프라흐]	gesprochen [게슈프로헨]

Hallo. Deutschland

베를린의 관광 명소 **브란덴부르크 문**은 독일의 분단과 통일을 상징한다. 1961년 베를린 장벽이 세워진 이후 동서 분단의 시기에는 양국의 방문 허가를 받은 사람들만이 이 문을 통하여 동서독을 왕래할 수 있었다. 1987년 미국 레이건 대통령이 이 문 앞에서 '장벽을 허무시오!'라고 연설한 것은 독일 통일의 과정에서 의미있는 어구로 남아 있다.

이 문 옆 기념품점에서는 베를린장벽을 이루었던 돌조각이 기념품으로 판매되고 있다.

1 다음 단어의 우리말 뜻을 쓰세요.

1. damals ----------------------

2. holen ----------------------

3. heiraten ----------------------

4. war ----------------------

5. schenken ----------------------

2 빈칸에 알맞은 독일어를 쓰세요.

1. Ich _____ in Berlin. 나는 베를린에 있었다.

2. Ich _____ meine Hausaufgaben gemacht. 나는 숙제를 했다.

3. Er _____ mir ein Buch _____ . 그는 나에게 책을 선물했다.

4. Wann _____ Sie _____ ? 당신은 언제 결혼하셨습니까?

5. Sie _____ Tennis _____ . 그녀는 테니스를 쳤다.

1 1. 당시에   2. 가져오다   3. 결혼하다   4. 있었다(sein 과거형)   5. 선물하다
2 1. war   2. habe   3. hat, geschenkt 4. haben, geheiratet   5. hat, gespielt

der Flughafen 플룩하펜 공항

Pass 파스 ⓜ 여권

Visum 비줌 ⓝ 비자

Flugzeug 플룩초익 ⓝ 항공기

Pilot 필로트 ⓜ 조종사

Flugbegleiter 플룩베글라이터 ⓜ 승무원

Flugkarte 플룩카르테 ⓕ 항공권

Fluggesellschaft 플룩게젤샤프트 ⓕ 항공사

Flugstunde 플룩슈툰데 ⓕ 비행시간

Flugstrecke 플룩슈트렉케 ⓕ 비행 거리

Gate 게이트 ⓝ /
Flugsteig 플룩슈타익 ⓜ 탑승 게이트

Abflug 압플룩 ⓜ 이륙

Anflug 안플룩 ⓜ 착륙

Geldwechsel 겔트베호셀 ⓜ 환전

Zollamt 쫄암트 ⓝ 세관

Gepäckband
게팩반트 ⓕ 수화물 컨베이어

Passagier 파싸쥐어 ⓜ 탑승객

Wann sind Sie nach Deutschland gekommen?

기본 회화

A Woher kommen Sie?

보헤어 콤멘 지

B Ich komme aus Südkorea.

이히 콤메 아우스 쥐트코레아

A Wann sind Sie nach Deutschland gekommen?

반 진트 지 나흐 도이치란트 게콤멘

B Vor zwanzig Jahren.

포어 츠반치히 야렌

A : 어디 출신이십니까?

B : 저는 한국에서 왔습니다.

A : 언제 독일로 오셨습니까?

B : 20년 전예요.

새 단어

kommen 콤멘 오다, 도착하다	vor 포어 ~앞에, ~전에
Südkorea 쥐트코레아 한국	zwanzig 츠반치히 숫자 20
Deutschland 도이치란트 독일	Jahre 야레 *pl* Jahr(해, 년)의 복수형
gekommen 게콤멘 동사 kommen(오다)의 과거분사	

해 설

◆ **과거분사를 사용하여 현재완료형 문장 만들기**

앞 장에서 언급한 것처럼, 〈haben+동사의 과거분사〉나 〈sein+동사의 과거분사〉의 형태로
만든다. 대부분의 현재완료형 문장은 〈haben+동사의 과거분사〉의 형태를 쓴다. 그러나 다

음의 경우에는 〈sein+동사의 과거분사〉 형태를 쓴다.

① bleiben, sein, werden 동사

Ich bin in Deutschland gewesen. [이히 빈 인 도이치란트 게베젠]   나는 독일에 있었다.
Er ist zu Hause geblieben. [에어 이스트 추 하우제 게블리벤]   그는 집에 있었다.
Wir sind Arzt geworden. [비어 진트 아르츠트 게보르덴]   우리는 의사가 되었다.

② 장소의 이동을 의미하는 동사가 쓰일 때

Ich bin eben gekommen. [이히 빈 에벤 게콤멘]   나는 방금 막 왔다.
Er ist nach Hause gegangen. [에어 이스트 나흐 하우제 게강엔]   그는 집으로 갔다.
Sie ist nach Deutschland geflogen. [지 이스트 나흐 도이치란트 게플로겐]
그녀는 독일로 갔다.
Sie sind nach Seoul gefahren. [지 진트 나흐 서울 게파렌]   그들은 서울로 떠났다.

③ 상태가 변화하는 것을 의미할 때

Er ist eingeschlafen. [에어 이스트 아인게쉴라펜]   그는 잠들었었다.
Seine Mutter ist gestorben. [자이네 무터 이스트 게슈토르벤]   그의 어머니는 돌아가셨다.
Sie ist aufgewacht. [지 이스트 아우프게바흐트]   그녀는 깨어났다.

◆ **Wann sind Sie nach Deutschland gekommen?**
동사 kommen은 '오다'라는 뜻으로 장소의 이동을 나타낸다. 따라서 현재완료형으로 전환
할 때 haben 동사가 아닌 sein 동사를 쓴다.

Wann ~~haben~~ Sie nach Deutschland gekommen? (×)
Wann sind Sie nach Deutschland gekommen? (○)

응용 회화

A Paul, was hast du am Sonntag gemacht?

파울, 바스 하스트 두 암 존탁 게마흐트

B Am Vormittag bin ich zur Ausstellung gegangen, und am Nachmittag habe ich viel gelernt.

암 포어미탁 빈 이히 추어 아우스쉬텔룽 게강엔, 운트 암 나흐미탁 하베 이히 필 게레른트

A Was hast du gelernt?

바스 하스트 두 게레른트

B Ich habe Deutsch und Englisch gelernt.

이히 하베 도이치 운트 앵글리쉬 게레른트

A : 파울, 너는 일요일에 무엇을 했니?

B : 나는 오전엔 전시회에 갔었고, 오후에는 공부를 많이 했어.

A : 무슨 공부를 했어?

B : 나는 독일어와 영어를 공부했어.

새 단어

Sonntag 존탁 ⓜ 일요일

gemacht 게마흐트 동사 machen의 과거분사

Vormittag 포어미탁 ⓜ 오전

Ausstellung 아우스쉬텔룽 ⓕ 전시회

gegangen 게강엔 gehen의 과거분사

Nachmittag 나흐미탁 ⓜ 오후

viel 필 많은

gelernt 게레른트 lernen의 과거분사

Deutsch 도이치 독일어

Englisch 앵글리쉬 ⓜ 영어

◆ **Was hast du am Sonntag gemacht?**

gemacht는 machen 동사의 과거분사형이다. 의문사가 있는 의문문이기 때문에 의문사 was가 문장의 맨 앞에 위치하고 haben이 그 뒤를 따랐다. 과거분사는 항상 문장의 맨 뒤에 온다.

◆ **Am Vormittag bin ich zur Ausstellung gegangen.**

과거분사 gegangen의 원형은 gehen이다. 동사 gehen은 '가다'의 뜻으로 장소의 이동을 의미함으로 haben이 아닌 sein 동사와 결합했다.

◆ **명사 Ausstellung**

여성명사이다. 따라서 전치사 zu와 결합할 때, 정관사 여성 3격을 쓰기 때문에 zu der Ausstellung이다. 그러나 일반적으로 zu der는 zur로 줄여서 사용함으로 zur Ausstellung이다.

Hallo. Deutschland

독일은 **다문화 사회**이다. 독일은 이민자들의 독일 사회 통합을 위한 지원으로 1990년대 이후 외국인 이주자들에게 600시간의 독일어 어학교육과 60시간의 독일 역사 교육을 실시하고 청소년 지원 센터를 설립하여 이민 청소년들에게 언어, 역사, 정치, 문화 등 교육 프로그램을 운영하고 있다. 그리고 다문화축제를 열어 시민들에게 다문화 관련 공연, 전시 프로그램을 제공하여 이민자와 독일 시민 사이의 사회 통합을 위한 노력을 하고 있다.

das Tier 티어 동물

Löwe 뢰베 ⓜ 사자

Tiger 티거 ⓜ 호랑이

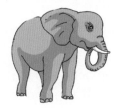

Elefant 엘레판트 ⓜ 코끼리

Pferd 페어트 ⓝ 말

Giraffe 기라페 ⓕ 기린

Fuchs 푹스 ⓜ 여우

Kuh 쿠 ⓕ 암소

Ziege 치게 ⓕ 염소

Schwein 쉬바인 ⓝ 돼지

Affe 아페 ⓜ 원숭이

Schlange 쉬랑에 ⓕ 뱀

Krokodil 크로코딜 ⓝ 악어

Hund 훈트 ⓜ 개

Katze 카체 ⓕ 고양이

Hase 하제 ⓜ 토끼

Igel 이겔 ⓜ 고슴도치

Maus 마우스 ⓕ 쥐

Vogel 포겔 ⓜ 새

Huhn 훈 ⓝ 닭

Eule 오일레 ⓕ 부엉이

1 다음 단어의 우리말 뜻을 쓰세요.

1. einschlafen _____

2. sterben _____

3. aufwachen _____

4. eben _____

5. gewesen _____

2 빈칸에 알맞은 독일어를 쓰세요.

1. Sie _____ eingeschlafen. 그녀는 잠들었었다.

2. Er _____ ins Kino gegangen. 그는 극장에 갔다.

3. Sie _____ nach Seoul _____. 그들은 서울로 날아갔다.

4. Sein Vater _____. 그의 아버지는 돌아가셨다.

5. Du _____ Arzt _____. 너는 의사가 되었다.

정답

1 1. 잠들다   2. 죽다   3. 잠에서 깨어나다   4. 방금, 막   5. sein 과거완료

2 1. ist   2. ist   3. sind, geflogen   4. ist gestorben   5. bist, geworden

PART

3

주요 문법 /
필수 명사 / 필수 동사

주요 문법

❶ 관사

독일어의 관사는 관사 다음에 오는 명사의 성과 격에 따라서 다르게 사용한다. 그리고 관사는 그 명사의 여러 개 중에 '하나'라는 의미를 붙이는 '부정관사'와 특정한 것이라는 의미를 더하기 위해 사용하는 '정관사'로 나눌 수 있다.

부정관사

	남성	중성	여성
1격 (주격, ~는)	ein	ein	eine
2격 (속격, ~의)	eines	eines	einer
3격 (여격, ~에게)	einem	einem	einer
4격 (대격, ~을/를)	einen	ein	eine

● 부정관사 ein '하나'라는 뜻이므로 복수형은 없다.

정관사

	남성	중성	여성	복수
1격 (주격)	der	das	die	die
2격 (속격)	des	des	der	der
3격 (여격)	dem	dem	der	den
4격 (대격)	den	das	die	die

❷ 동사

sein 동사의 현재시제 인칭변화

ich	bin	wir	sind
du	bist	ihr	seid
er/sie/es	ist	Sie/sie	sind

haben 동사의 현재시제 인칭변화

ich	habe	wir	haben
du	hast	ihr	habt
er/sie/es	hat	Sie/sie	haben

일반동사의 현재시제 인칭변화

	kommen 오다	**gehen** 가다	**wohnen** 살다
ich	komm-e	geh-e	wohn-e
du	komm-st	geh-st	wohn-st
er/sie/es	komm-t	geh-t	wohn-t
wir	komm-en	geh-en	wohn-en
ihr	komm-t	geh-t	wohn-t
Sie/sie	komm-en	geh-en	wohn-en

불규칙 변화

☞ 동사어간의 모음이 변하는 경우

	a ➡ ä **schlafen** 잠자다	e ➡ ie **sehen** 보다	e ➡ I **sprechen** 말하다
ich	schlaf-e	seh-e	sprech-e
du	schläf-st	sieh-st	sprich-st
er/sie/es	schläf-t	sieh-t	sprich-t
wir	schlaf-en	seh-en	sprech-en
ihr	schlaf-t	seh-t	sprech-t
Sie/sie	schlaf-en	seh-en	sprech-en

● 동사어간이 −s, −ß, −z로 끝날 때 2인칭 단수 변화에서 어미 −st 대신에 −t로 변화한다.

	heißen 불리다, 부르다	**tanzen** 춤추다
ich	heiß-e	tanz-e
du	heiß-t	tanz-t
er/sie/es	heiß-t	tanz-t
wir	heiß-en	tanz-en
ihr	heiß-t	tanz-t
Sie/sie	heiß-en	tanz-en

● 동사어간이 −d, −t로 끝날 때 2인칭 단수와 3인칭 단수, 2인칭 복수에서 어미에 −e를 추가한다.

	arbeiten 일하다	**reden** 말하다
ich	arbeit-e	red-e
du	arbeit-est	red-est
er/sie/es	arbeit-et	red-et
wir	arbeit-en	red-en
ihr	arbeit-et	red-et
Sie/sie	arbeit-en	red-en

❸ 화법조동사

	können 할 수 있다	**möchten** 하고 싶다	**wollen** 하고자 한다	**dürfen** 해도 된다	**sollen** 해야 한다	**müssen** 반드시 해야 만 한다
ich	kann	möchte	will	darf	soll	muss
du	kannst	möchtest	willst	darfst	sollst	musst
er/sie/es	kann	möchte	will	darf	soll	muss
wir	können	möchten	wollen	dürfen	sollen	müssen
ihr	könnt	möchtet	wollt	dürft	sollt	müsst
Sie/sie	können	möchten	wollen	dürfen	sollen	müssen

❹ 현재완료형

현재완료 시제를 사용할 때에는 〈haben＋과거분사〉를 쓴다. 그러나 동사의 의미가 장소의 이동을 나타내는 경우에는 sein과 결합한다.

Ich habe geschlafen.   나는 잠을 잤다.
Er ist gekommen.   그는 갔다.

❺ 동사의 과거분사형

동사의 과거분사는 어간 앞에 ge–를 어간 끝에 –t를 붙인다.

kaufen 사다	ge-kauf-t	**tanzen** 춤추다	ge-tanz-t
reisen 여행하다	ge-reis-t	**sagen** 말하다	ge-sag-t
wohnen 살다	ge-wohn-t	**machen** 만들다	ge-mach-t

🔍 명사

A

Abend 아벤트 ⓜ 저녁, 밤

Abendessen 아벤트에센 ⓝ 저녁식사, 회식

Abflug 압플룩 ⓜ 이륙, 출발

Absender 압젠더 ⓜ 발신인

Adresse 아드레세 ⓕ 주소, 인사말

Alltag 알탁 ⓜ 평일, 평범한 날

Alter 알터 ⓝ 나이, 연령, 노년

Amerika 아메리카 미국, 아메리카대륙

Amt 암트 ⓝ 공직, 관직, 임무

Anfang 안팡 ⓜ 처음, 시작

Antrag 안트라크 ⓜ 제안, 신청

Anzug 안추크 ⓜ 정장, 수트

April 아프릴 ⓜ 4월

Arbeit 아르바이트 ⓕ 근무, 공부, 작업

Arm 암 ⓜ 팔

Arzt 아르츠트 ⓜ 의사

Aufgabe 아우프가베 ⓕ 과제, 임무, 숙제

Auge 아우게 ⓝ 눈

Ausbildung 아우스빌둥 ⓕ 직업교육, 연수

Ausflug 아우스플룩 ⓜ 소풍

Ausgang 아우스강 ⓜ 출구

Ausland 아우스란트 ⓝ 외국, 해외

Aussprache 아우스슈프라헤 ⓕ 발음

Ausstellung 아우스슈텔룽 ⓕ 진열, 전시

Ausweis 아우스바이스 ⓜ 증명서, 여권

Auto 아우토 ⓝ 자동차

B

Bäckerei 벡케라이 ⓕ 빵집, 제과점

Bad 바트 ⓝ 목욕, 욕실

Badewanne 바데반네 ⓕ 욕조

Badezimmer 바데침머 ⓕ 욕실

Bahn 반 ⓕ 철도, 차선

Bahnhof 반호프 ⓜ 기차역, 정류장

Balkon 발콘 ⓜ 발코니

Ball 발 ⓜ 공

Bank 방크 ⓕ 벤치, 의자, 은행

Bar 바르 ⓕ 술집, 바

Bär 베어 ⓜ 곰

banane 바나네 ⓕ 바나나

Baseball 베스볼 ⓜ 야구

Basis 바지스 ⓕ 기초, 토대

Basketball 바스켓발 ⓜ 농구

Bauch 바우흐 ⓜ 배, 복부, 위

Baum 바움 ⓜ 나무, 수목

Beamte[r] 베암테 ⓜ 공무원, 관리

Becher 베허 ⓜ 컵, 잔

Begegnung 베게그눙 f 만남, 조우

Begrüßung 베그뤼숭 f 인사, 환영

Bein 바인 n 다리, 발

Beispiel 바이슈필 n 예, 실례, 견본, 모범

Benzin 벤친 n 가솔린, 벤진

Berg 베르크 m 산, 언덕, 대량

Beruf 베루프 m 직업, 천직

Besserung 베세룽 f 개선, 개량, 회복

Bett 베트 n 침대

Bier 비어 n 맥주

Blume 블루메 f 꽃, 화초

Bluse 블루제 f 블라우스, 상의

Bohne 보네 f 콩

Bowling 볼링 n 볼링

Braut 브라우트 f 신부

Bräutigam 브로이티감 m 신랑

Briefkasten 브리프카스텐 m 우편함; 투고란

Briefmarke 브리프마르케 f 우표

Brille 브릴레 f 안경

Brötchen 브뢰첸 n 작은 빵

Brücke 브뤼케 f 다리, 교량

Bruder 브루더 m 형제

Brust 브루스트 f 가슴, 흉부, 유방

Buch 부흐 n 책, 서적

Buchhandlung 부흐한들룽 f 서점, 책방

Büro 뷔로 m 사무실, 회사

Butter 부터 f 버터

C

Cafe 카페 n 카페

Camping 캠핑 n 캠핑

China 히나 중국

Chinakohl 히나콜 m 배추

Chinese 히네제 m 중국인

Cousin 쿠진 m 남자 사촌

Cousine 쿠지네 f 여자 사촌

D

Dach 다흐 n 지붕

Dame 다메 f 부인, 여성

Datum 다툼 n 날짜, 연월일

Decke 덱케 f 덮는 이불, 모포

Deutsch 도이취 n 독일어

Deutsche 도이체 m 독일인

Deutschland 도이칠란트 독일

Dienstag 딘스탁 m 화요일(Di.)

Dienstzeit 딘스트차이트 f 근무시간

Diesel 디절 ⓜ 경유

Dom 돔 ⓜ 대성당

Donnerstag 도너스탁 ⓜ 목요일(Do.)

Dorf 도르프 ⓝ 마을

Dose 도제 ⓕ (덮개가 있는) 작은 용기

Duft 두프트 ⓜ (상쾌한) 향기, 냄새

Durst 두르스트 ⓜ 갈증 (🇬 thirst)

E

Ei 아이 ⓝ 알 계란

Eingang 아인강 ⓜ 입구, 시작; (우편물의) 도착

Einkauf 아인카우프 ⓜ 쇼핑, 구입

Eintritt 아인트리트 ⓜ 입장, 입회, 가입

Eis 아이스 ⓝ 얼음, 스케이트링크

Elefant 엘레판트 ⓜ 코끼리

Eltern 엘터른 ⓟⓛ 부모

Ende 엔데 ⓝ 종말, 끝

Engel 엥겔 ⓜ 천사(같은 사람)

England 엥글란트 영국

Engländer 엥글렌더 ⓜ 영국인, 잉글랜드인

Enkel 엥클 ⓜ 손자, 자손

Ente 엔테 ⓕ 오리

Entschuldigung 엔트슐디궁 ⓕ 변명, 핑계, 해명

Erdgeschoss 에어트게쇼스 ⓝ (건물의) 1층

Erinnerung 에어인네룽 ⓕ 기억, 추억

Erwachsene[r] 에어박세네 ⓜ 성인, ⓕ 어른

Erziehung 에어치훙 ⓕ 교육

Examen 엑사멘 ⓝ 시험, 테스트

Exemplar 엑셈플라르 ⓝ 견본, (책) 권

F

Fabrik 파브릭 ⓕ 공장, 제작소

Fahrer 파러 ⓜ 운전자, 운전기사

Fahrkarte 파르카르테 ⓕ 승차권, 승선권

Fahrplan 파르플란 ⓜ 열차시간표

Fahrpreis 파르프라이스 ⓜ 교통비

Fahrrad 파르라트 ⓝ 자전거

Familie 파밀리에 ⓕ 가족, 가정, 일가

Farbe 파르베 ⓕ 색깔, 색채

Februar 페브루아르 ⓜ 2월 (Febr.)

Feder 페더 ⓕ 깃털 (🇬 feather)

Feiertag 파이어탁 ⓜ 휴일, 기념일, 명절

Ferien 페리엔 ⓟⓛ 휴가, 방학, 휴관

Fernbedienung 페른베디눙 ⓕ 리모컨

Fieber 피버 ⓝ 열, 발열

Film 필름 ⓜ 영화; 필름

Finger 핑어 ⓕ 손가락

Firma 피르마 ⓕ 회사, 기업

Fisch 피쉬 ⓜ 물고기, 생선, 어류

Flasche 플라쉐 ⓕ 병(瓶)

Fleisch 플라이쉬 ⓝ 고기; 육체

Flughafen 플룩하펜 ⓜ 공항

Flugzeug 플룩초이크 ⓝ 비행기

Fluss 플루스 ⓜ 강, 하천

Formular 포르물라 ⓝ 서식(용지), 신고서

Foto 포토 ⓝ 사진

Fotoapparat 포토아파라트 ⓜ 카메라

Fotograf 포토그라프 ⓜ 카메라맨, 사진가

Frage 프라게 ⓕ 질문, 문의

Frankreich 프랑크라이히 프랑스

Franzose 프란초제 ⓜ 프랑스인

Frau 프라우 ⓕ 여성, 부인

Freitag 프라이탁 ⓜ 금요일(Fr.)

Freizeit 프라이차이트 ⓕ 여가, 자유시간

Fremdsprache 프렘트슈프라허 ⓕ 외국어

Freund 프로인트 ⓜ 친구, 지원자

Freundin 프로인딘 ⓕ (여성인) 친구, 여자 친구

Friseur 프리제어 ⓕ 이발사, 미용사

Frosch 프로쉬 ⓜ 개구리

Frucht 프루흐트 ⓕ 열매, 과일

Frühling 프륄링 ⓜ 봄, 청춘기, 융성기

Frühstück 프뤼슈튁 ⓝ 아침식사, 조반

Fuß 푸스 ⓜ 발

Fussball 푸스발 ⓜ 축구(공)

Fußboden 푸스보덴 ⓜ 마루

Fußgänger 푸스갱어 ⓜ 보행자

Fußgängerzone 푸스갱어조너 ⓕ 보행자 전용구역

G

Gabel 가벨 ⓕ 포크, 갈퀴

Gang 강 ⓜ 걸음, 보행; 용건; 진행

Gans 간스 ⓕ 거위, 어리석은 여자

Garten 가르텐 ⓜ 정원, 과수원

Gärtner 게르트너 ⓜ 원예사

Gas 가스 ⓝ 가스

Gebäude 게보이더 ⓝ 빌딩, 건물

Geburt 게부어트 ⓕ 출생, 탄생

Geburtsort 게부어츠오르트 ⓜ 출생지

Geburtstag 게부르츠탁 ⓜ 생일

Geheimnis 게하임니스 ⓝ 비밀; 신비

Geld 겔트 ⓝ 돈, 금전, 재산

Gemüse 게뮈저 ⓝ 채소, 야채요리

Gepäck 게페크 ⓝ (여행용) 짐, 수하물

Geschirr 게쉬어 ⓝ 그릇, 식기류

Geschwister 게쉬비스터 ⓕ (각각의) 형제자매

Gesicht 게지히트 ⓝ 얼굴, 표정, 외모

Gesundheit 게준트하이트 ⓕ 건강, 건전

Getränk 게트렝크 ⓝ 음료, 마실 것

Gleis 글라이스 ⓝ 플랫폼; 궤도

Glocke 글로커 ⓕ 종, 초인종

Glück 글뤼크 ⓝ 행운(의 여신)

Gold 골트 ⓝ 금, 황금, 금화

Gott 고트 ⓜ 신, 하느님

Grad 그라트 ⓜ (온도의) 도, 정도

Gramm 그람 ⓝ 그램(g)

Gras 그라스 ⓝ 풀, 잔디밭

Großeltern 그로쓰엘턴 ⓟ 조부모

Gruppe 그루페 ⓕ 집단, 무리

Gruß 그루쓰 ⓜ 인사말, 인사

Gurke 구르커 ⓕ 오이

Gürtel 귀르텔 ⓜ 벨트, 허리띠

Gut 구트 ⓝ 재산, 재화, 상품

Gymnastik 굄나스티크 ⓕ 체조, 체육

H

Haar 하르 ⓝ 머리칼, 모발

Hafen 하픈 ⓜ 항구; 피난처

Hahn 한 ⓜ 수탉

Hähnchen 핸헨 ⓝ 수평아리, 통닭구이

Hals 할스 ⓜ 목, 목덜미

Halskette 할스케터 ⓕ 목걸이

Haltestelle 할테슈텔러 ⓕ 정류장, 역

Hand 한트 ⓕ 손

Handy 핸디 ⓝ 휴대폰

Hase 하저 ⓜ 토끼

Hauptbahnhof 하웁트반호프 ⓜ (도시의) 중앙역

Hauptstadt 하웁트슈타트 ⓕ 수도(首都)

Haus 하우스 ⓝ 집, 주택, 건물

Hausaufgabe 하우스아우프가버 ⓕ 숙제

Hausfrau 하우스프라우 ⓕ 주부

Heft 헤프트 ⓝ 공책, 소책자, 팸플릿

Heimat 하이마트 ⓕ 고향

Heizung 하이충 ⓕ 난방장치, 히터

Herbst 헤르프스트 ⓜ 가을

Herd 헤어트 ⓜ 아궁이, 화덕, 레인지

Herr 헤르 ⓜ 남성; ~귀하, ~씨

Himmel 힘멜 ⓜ 천국, 하늘

Hochzeit 호흐차이트 ⓕ 결혼식

Hose 호저 ⓕ 바지

Hüfte 휘프터 ⓕ 허리, 엉덩이

Huhn 훈 ⓝ 닭

Hund 훈트 ⓜ 개

Hut 후트 ⓜ (테 있는) 모자

I

Idee 이데 ⓕ 생각, 관념, 착상

Imbiss 임비스 ⓜ 간식, 간이식당

Information 인포르마치온 ⓕ 정보, 알림, 정보제공

Insel 인젤 ⓕ 섬, 고립된 곳

J

Jacke 야케 ⓕ 상의, 윗옷

Jahr 야르 ⓝ 연도(🔊 year), 1년, 년

Jahreszeit 야레스차이트 ⓕ 계절

Januar 야누아르 ⓜ 1월

Japan 야판 일본

Japaner 야파너 ⓜ 일본인

Jugend 유겐트 ⓕ 청년기

Jugendherberge 유겐트헤르베르거 ⓕ 유스호스텔

Juli 율리 ⓜ 7월

Junge 융에 ⓜ 소년, 아들, 견습생

Juni 유니 ⓜ 6월

K

Kabel 카벨 ⓜ 케이블, (전기기구의) 코드

Kabinett 카비네트 ⓝ 내각; 작은 방

Kaffee 카페 ⓜ 커피, 커피원두

Kalender 칼렌더 ⓜ 달력

Kamera 카메라 ⓕ 카메라

Kanne 카너 ⓕ 주전자

Karotte 카로터 ⓕ 당근

Kartoffel 카르토펠 ⓕ 감자

Karussell 카루쎌 ⓝ 회전목마

Käse 캐저 ⓜ 치즈

Kasse 카서 ⓕ 지불 카운터, 출납창구

Kassette 카세터 ⓕ 카세트테이프, 작은 상자

Kasten 카스턴 ⓜ 상자, 케이스

Katze 카처 ⓕ 고양이

Kaufhaus 카우프하우스 ⓝ 백화점, 쇼핑몰

Kaugummi 카우구미 ⓜ 껌

Kind 킨트 ⓝ 어린이

Kindergarten 킨더가르턴 ⓜ 유치원

Kino 키노 ⓝ 영화관

Klavier 클라비어 ⓝ 피아노

Klimaanlage 클리마안라거 ⓕ 에어컨

Knie 크니 ⓝ 무릎

Knoblauch 크노블라우흐 ⓜ 마늘

Knochen 크노헌 ⓜ 뼈

Knof 크노프 ⓜ 단추

Koch 코흐 ⓜ 요리사

Kollege 콜레거 ⓜ 동료

Kopf 코프 ⓜ 머리, 두뇌

Kopfsalat 코프잘라트 ⓕ 양상추

Kopfschmerzen 코프쉬메르천 ⓟ 두통, 걱정

Kopie 코피 ⓕ 복사, 복제품

Korb 코르프 ⓜ 바구니

Korn 코른 ⓝ 곡물, 낱알

Körper 쾨르퍼 ⓜ 몸, 육체

Krankenhaus 크랑컨하우스 ⓝ 병원

Kuchen 쿠헌 ⓜ 케이크

Kugelschreiber 쿠걸쉬라이버 ⓜ 볼펜

Kuh 쿠 ⓕ 젖소

Kühlschrank 퀼쉬랑크 ⓜ 냉장고

Kunst 쿤스트 ⓕ 예술(작품), 기술

Lied 리트 ⓝ 노래, 가요, 선율

Lippe 리페 ⓕ 입술

Löffel 뢰펠 ⓜ 숟가락

Luft 루프트 ⓕ 공기, 공중, 외부

Luftballon 루프트발론 ⓜ 풍선, 기구

Luftpost 루프트포스트 ⓕ 항공우편

M

Magen 마건 ⓜ 위(胃)

Mai 마이 ⓜ 5월

Maler 말러 ⓜ 화가, 도장공

Mann 만 ⓜ 남성, 남편

Mantel 만텔 ⓜ 코트, 망토

Märchen 메르헌 ⓝ 동화, 옛날이야기

März 메르츠 ⓜ 3월

Mauer 마우어 ⓕ 벽, 외벽, 성벽

Maus 마우스 ⓕ 마우스, 쥐

Medizin 메디친 ⓕ 의학, 약

Meer 메어 ⓝ 바다

Miete 미터 ⓕ 집세

Milch 밀히 ⓕ 우유

Mittag 미탁 ⓜ 정오

Montag 몬탁 ⓜ 월요일

Morgen 모르건 ⓜ 아침

L

Laden 라던 ⓜ 가게, 상점

Lamm 람 ⓝ 새끼 양

Lampe 람퍼 ⓕ 전등, 전구

Land 란트 ⓝ 국가, 나라

Lastkraftwagen 라스트크라프트바건 ⓜ 트럭, 화물차

Leder 레더 ⓝ 가죽, 피혁

Lehrer 레러 ⓜ 교사, 스승

Lehrerin 레러린 ⓕ 여교사

Leute 로이터 ⓟ 사람들

Mund 문트 ⓜ 입

Mutter 무터 ⓕ 어머니

N

Nachmittag 나흐미탁 ⓜ 오후

Nacht 나흐트 ⓕ 밤, 어둠

Name 나머 ⓜ 이름, 명칭

November 노벰버 ⓜ 11월

Nord 노르트 ⓜ 북쪽

Nummer 누머 ⓕ 번호, 번지수

O

Obst 옵스트 ⓝ 과일

Ohr 오어 ⓝ 귀, 청각

Ohrring 오어링 ⓜ 귀걸이

Oktober 옥토버 ⓜ 10월

Öl 욀 ⓝ 기름

Oma 오마 ⓕ 할머니

Onkel 옹클 ⓜ 삼촌, 아저씨

Opa 오파 ⓜ 할아버지

Orange 오랑줴 ⓕ 오렌지

Ort 오르트 ⓜ (특정) 장소, 지역

Ost 오스트 ⓜ 동쪽

P

Päckchen 팩헌 ⓜ (2kg 이하의) 작은 소포

Papier 파피어 ⓜ 종이, 서류

Parkplatz 파르크플라츠 ⓜ 주차장

Pass 파쓰 ⓜ 여권

Pause 파우제 ⓕ 휴식, 쉬는 시간

Pfanne 파네 ⓕ 프라이팬

Pfannkuchen 판쿠헌 ⓜ 팬케이크

Pfeffer 페퍼 ⓜ 후추

Pfeil 파일 ⓜ 화살(표)

Pferd 페르트 ⓝ 말, 목마

Pflanze 플란처 ⓕ 식물; 괴짜

Pfund 푼트 ⓝ 파운드(약 500g)

Philosophie 필로조피 ⓕ 철학

Physik 퓌직 ⓕ 물리학

Pilot 필로트 ⓜ 비행기 조종사, 파일럿

Pilz 필츠 ⓜ 버섯

Pinguin 핑구인 ⓜ 펭귄

Plan 플란 ⓜ 계획, 기획, 설계도

Platz 플라츠 ⓜ 장소, 좌석

Politiker 폴리티커 ⓜ 정치가

Polizei 폴리차이 ⓕ 경찰서, 경찰

Post 포스트 f 우편, 우편물, 우체국

Postamt 포스탐트 n 우체국

Postkarte 포스트카르테 f 엽서

Postleitzahl 포스트라이트찰 f 우편번호

Preis 프라이스 m 가격, 물가

Produkt 프로둑트 n 제품, 생산물

Q

Quadratmeter 크바드라트메터 m 평방미터, 제곱미터

Qual 크발 f 고통, 괴로움

Qualität 크발리테트 f 품질, 질

R

Rad 라트 n 바퀴; 톱니

Radio 라디오 n 라디오(방송)

Rahmen 라먼 m 틀, 액자, 프레임

Rathaus 라트하우스 n 시청

Raum 라움 m 방, 공간, 장소

Regal 레갈 n 선반, 서가; 진열대

Reis 라이스 m 쌀, 밥

Reise 라이저 f 여행

Restaurant 레스토랑 n 레스토랑, 음식점

Rindfleisch 린트플라이쉬 n 쇠고기

Rücken 뤼컨 m 등, 손등, 후미

Rucksack 룩작 m 배낭, 륙색

S

Saft 자프트 m 주스

Salat 잘라트 m 샐러드

Salz 잘츠 n 소금

Samstag 잠스탁 m 토요일

Sand 잔트 m 모래

Sandwich 샌드위치 n 샌드위치

Sänger 젱어 m 가수

Schauspiel 샤우스필 n 연극, 각본; 구경거리

Schauspieler 샤우슈필러 m 배우, 연기자

Schi 쉬 m 스키

Schlange 쉴랑어 f 뱀, 교활한 사람

Schokolade 쇼콜라데 f 초콜릿

Schule 슐레 f 학교

Schüler 쉴러 m 학생, 제자, 문하생

Schülerin 쉴러린 f 여학생

Schulter 슐터 f 어깨

Schwester 슈베스터 f 자매, 언니, 여동생

Schwiegereltern 슈비거엘턴 pl 시부모

See 제 m 호수

Socke 조커 (f) 양말

Sofa 조파 (n) 소파

Sohn 존 (m) 아들

Sommer 조머 (m) 여름

Sonntag 존탁 (m) 일요일

Spaß 슈파쓰 (m) 농담, 장난

Spiegel 슈피겔 (m) 거울

Spiel 슈필 (n) 놀이, 장난

Sport 슈포르트 (m) 체육, 운동

Stuhl 슈툴 (m) 의자

Süd 쥐트 (m) 남쪽

Supermarkt 주퍼마르크트 (m) 슈퍼마켓

Suppe 주퍼 (f) 수프

Tasse 타서 (f) 컵

Tee 테 (m) 차, 홍차

Teich 타이히 (m) 연못, 늪

Teig 타이크 (m) (빵의) 반죽

Teil 타일 (m) 부분, 일부

Telefon 텔레폰 (n) 전화

Tennis 테니스 (n) 테니스

Teppich 테피히 양탄자, 카펫

Termin 테르민 기일, 기한

Tier 티어 (n) 동물, 짐승

Tiger 티거 (m) 호랑이

Topf 토프 (m) 냄비

Tor 토어 (n) 문, 출입문

Tüte 튀터 (f) 종이봉지, 비닐봉지

T

Tablette 타블레터 (f) 알약

Tag 탁 (n) 낮, 날

Tagebuch 타게부흐 (n) 일기(장), 일지

Tankstelle 탕크슈텔레 (f) 주유소

Tante 탄테 (f) 고모, 이모

Tanz 탄츠 (n) 춤, 무용

Tasche 타쉐 (f) 가방, 자루

Taschenrechner 타쉔레히너 (n) 계산기

U

U-bahn 우반 (f) 지하철

Umschlag 움쉴라크 (n) 봉투, (책의) 커버

Umwelt 움벨트 (f) (자연)환경, 생활환경

Unfall 운팔 (m) 사고, 재해

Universität 우니베르지테트 (f) 대학교

Urlaub 우얼라우프 (n) 휴가

🔍 명사

V

Vase 바제 ⓕ 꽃병

Vater 파터 ⓜ 아버지

Verkauf 페어카우프 ⓜ 판매, 영업

Verkäufer 페어코이퍼 ⓜ 점원, 판매원

Vogel 포겔 ⓜ 새, 조류

Volk 폴크 ⓝ 민족, 국민, 대중

Vorhang 포어항 ⓜ 커튼, 막

Vormittag 포어미탁 ⓜ 오전

W

Wagen 바겐 ⓜ 수레, 마차, 자동차

Wald 발트 ⓜ 숲

Walnuß 발누쓰 ⓕ 호두

Walzer 발처 ⓜ 왈츠

Wand 반트 ⓕ 벽, 암벽

Wäsche 베쉐 ⓕ 세탁물, 빨래

Waschbecken 바쉬베컨 ⓝ 세면기

Waschmaschine 바쉬마쉬네 ⓕ 세탁기

Wasser 바써 ⓝ 물, 용액, 액체

Wassermelone 바써멜로너 ⓕ 수박

Weihnachten 바이나흐턴 ⓝ 크리스마스

Welt 벨트 ⓕ 세계

West 베스트 ⓜ 서쪽, 서부

Wetter 베터 ⓝ 날씨

Winter 빈터 ⓜ 겨울

Woche 보헤 ⓕ 주, 주간, 평일

Wochenende 보헌엔더 ⓝ 주말

Wochentag 보헌탁 ⓜ 평일

Y

Yacht 야흐트 ⓕ 요트

Z

Zahn 찬 ⓜ 치아, 이

Zahnarzt 찬아르츠트 ⓜ 치과의사

Zahnbürste 찬뷔르스터 ⓕ 칫솔

Zehe 체에 ⓕ 발가락

Zeit 차이트 ⓕ 시간, 때, 시기

Zeitung 차이퉁 ⓕ 신문(사)

Zigarette 치가레터 ⓕ 담배

Zimmer 치머 ⓝ 방, 객실

Zoo 초 ⓜ 동물원

Zucker 추커 ⓜ 설탕

Zug 축 ⓜ 열차, 기차

🔍 필수 동사

A

abgehen 압게언 떠나다, 그만두다

abholen 압홀런 받으러 가다, 받아오다, 데리러 가다

abwaschen 압바쉔 씻어내다

abwechseln 압벡세른 교대하다, 바꾸다

anbieten 안비턴 권유하다

ändern 엔던 바꾸다, 변경하다

anfangen 안팡언 시작하다, 착수하다

ankommen 앙코먼 도착하다

annehmen 안네먼 수락하다, 받아들이다

anpassen 안파선 적합하게 하다, 맞추다

anrufen 안루펀 전화 걸다

arbeiten 아르바이턴 일하다, 공부하다

aufmachen 아우프마헌 열다, 개점하다

aufstehen 아우프슈테언 일어나다, 기상하다, 봉기하다

aufwachen 아우프바헌 눈을 뜨다, 자각하다

ausgehen 아우스게언 외출하다, 나가다

ausmachen 아우스마헌 (불. 등. 스위치를) 끄다

aussehen 아우스제언 (~처럼) 보이다, (기대하며) 지켜보다

B

backen 박컨 굽다, 구워지다

basteln 바스텔른 (취미로) 조립하다, 손으로 만들다

beantworten 베안트보르턴 대답하다, 답장을 보내다

bedeuten 베도이턴 의미하다, 나타내다

beginnen 베기넌 시작하다, 시작되다

begleiten 베글라이턴 동행[동반]하다, 바래다주다

bekommen 베코먼 받다, 입수하다, 실현하다

bemühen 베뮈언 고생하다, 노력하다, 수고를 끼치다

beschäftigen 베쉐프티건 종사하다

beschreiben 베슈라이번 묘사하다, 기술하다

bestellen 베스텔런 주문하다, 불러내다

bezahlen 베찰런 지불하다

bieten 비턴 제공하다, 내밀다, 나타내다

bleiben 블라이번 (장소에) 머무르다, 체류하다; 지속되다

braten 브라턴 (음식을) 굽다, 볶다, 튀기다

brennen 브레넌 불타다, 연소하다

bringen 브링언 가져오다(가다), 초래하다

D

danken 당컨 감사하다, 감사 인사를 하다

darstellen 다르슈텔런 묘사하다, 표현하다

decken 덱컨 덮다, 씌우다, 지키다

denken 뎅컨 생각하다, 사고하다

diskutieren 디스쿠티런 토론하다

drucken 드루컨 인쇄하다

durchfallen 두르히팔런 떨어지다, 낙제하다, 실패하다

dürfen 뒤르펀 ~해도 좋다

duschen 두쉔 샤워하다

E

eilen 아일런 서두르다, 서둘러 가다

einfallen 아인팔런 생각해내다; 무너지다; 침입하다

einkaufen 아인카우펀 쇼핑하다, 사들이다

einladen 아인라던 초대하다, 꼬시다

einpacken 아인파컨 싸다, 포장하다

einschlafen 아인쉴라펀 잠들다, 영면하다; 마비되다

empfelen 엠프펠런 권하다, 추천하다

enden 엔던 끝나다

enthalten 엔트할턴 포함하다, 함유하다

entscheiden 엔트샤이던 결정하다, 판결을 내리다

entschuldigen 엔트슐디건 사과하다, 사죄하다

enttäuschen 엔트토이쉔 기대를 저버리다, 실망시키다

erfüllen 에어퓔런 채우다; (임무를) 수행하다, 달성하다

ergänzen 에어겐천 보충하다, 보완하다

erhalten 에어할턴 받다, 얻다; 보존하다

erinnern 에어인넌 생각나게 하다

erkälten 에어켈턴 감기 걸리다

erlauben 에어라우번 허가하다, 허용하다

erleben 에어레번 경험하다, 체험하다

erzählen 에어첼런 이야기하다, 말하다

F

fahren 파런 (탈것이) 달리다, 가다

fallen 팔런 떨어지다; (눈, 비가) 내리다; 전사하다

fehlen 펠런 없다, 결여되어 있다; 없어서 곤란하다

feiern 파이언 축하하다

fernsehen 페른제언 TV를 보다

finden 핀던 찾아내다, 발견하다

fischen 피쉔 물고기를 낚다(잡다)

fliegen 플리건 날다, 날아가다; (비행기를) 조종하다

fließen 플리쎈 흐르다, 흘러나오다

forschen 포르쉔 연구하다, 조사하다

fotografieren 포토그라피런 사진을 찍다

fragen 프라건 묻다, 질문하다

freuen 프로이언 즐거워하다, 좋아하다

frisieren 프리지런 머리를 다듬다, 빗질하다

frühstücken 프뤼슈튀컨 아침식사를 하다

fühlen 퓔런 느끼다, 느낌으로 알다; 자각하다

G

gähnen 게넌 하품하다

geben 게번 주다, 건네다, 알리다

gefallen 게팔런 (~의) 마음에 들다, 좋은 느낌을 주다

geschehen 게쉐언 일어나다, 생기다, 실행되다

gewinnen 게비넌 이기다

gewöhnen 게뵈넌 익숙하게 하다, 친숙하게 하다

gießen 기쎈 붓다, 물을 주다, 흘리다

glauben 글라우번 믿다, ~라고 생각하다, 신용하다

graben 그라번 (구멍을) 파다, 파내다

gründen 그륀던 창설하다

grüßen 그뤼쎈 인사하다

gucken 구컨 바라보다, 훔쳐보다

I

informieren 인포르미런 정보를 주다, 가르치다

interessieren 인터레씨어런 흥미[관심]를 끌다

J

jagen 야건 사냥하다, 추적하다

jucken 유컨 가렵다, 근질근질하다

H

haben 하번 가지다, 소유하다

hassen 하쎈 증오하다, 싫어하다

heiraten 하이라턴 결혼하다

heißen 하이썬 칭하다, 이름 붙이다

herankommen 헤란코먼 이쪽으로 오다, 박두하다

herauskommen 헤라우스코먼 나오다, 발매되다

hereinkommen 헤라인코먼 들어오다

herrschen 헤르쉔 지배하다, 통치하다

herstellen 헤어슈텔런 제조하다, 생산하다, 만들어내다

hoffen 호펜 희망하다, 바라다

holen 홀런 가져오다, 사러 가다

hören 회런 듣다, 들리다

husten 후스턴 기침하다, 기침이 나오다

K

kämpfen 켐펀 싸우다, 투쟁하다

kaputtmachen 카푸트마헌 부수다, 고장내다

kauen 카우언 씹다, 깨물다

kaufen 카우펀 사다, 구입하다

kleben 클레번 붙이다, 접착시키다

klingeln 클링얼런 벨(전화)이 울리다

klopfen 클롭펀 가볍게 두드리다, 노크하다

kochen 코헌 찌다, 끓이다, 요리하다

kommen 코먼 오다, 찾아오다

können 쾨넌 할 수 있다(영 can); ~일지도 모른다

konzentrieren 콘첸트리런 집중하다, 농축하다

kopieren 코피런 복사하다, 베끼다

kosten 코스턴 ~값이다

kritisieren 크리티지런 비판하다, 헐뜯다

kümmern 퀴먼 돌봐주다

L

landen 란던 착륙하다, 도착하다

laufen 라우펀 달리다, 경주하다

leben 레번 살아 있다, 생활하고 있다

legen 레건 눕히다, 재우다, 놓다

lehnen 레넌 (벽에) 기대고 있다

lehren 레런 가르치다, 수업을 하다

leiden 라이던 앓고 있다, 괴로워하다

lernen 레르넌 공부하다, 배우다

lesen 레전 읽다, 강의하다

lieben 리번 사랑하다, 좋아하다, 소중히 하다

löschen 뢰쉔 (불, 전등을) 끄다, (갈증을) 풀다

lügen 뤼건 거짓말하다, 속이다

M

machen 마헌 만들다, 행하다

malen 말런 (그림) 그리다

markieren 마르키런 표시를 하다, 강조하다

meinen 마이넌 생각하다, ~라는 의견이다

mieten 미턴 임차하다, 빌다, 빌리다

mischen 미쉔 섞다, 혼합하다

missverstehen 미쓰페어슈테언 오해하다

möblieren 뫼블리런 가구를 비치하다

müssen 뮈쎈 반드시 ~해야 한다; 틀림없이 ~이다

N

nutzen 누천 도움이 되다, 이용하다

O

öffnen 외프넌 열다, 넓히다

operieren 오페리런 수술하다, 행동하다

P

packen 파컨 짐을 꾸리다, 포장하다

parken 파르컨 주차하다

passen 파쎈 딱 맞다, 어울리다

passieren 파씨런 일어나다, 생기다

pflanzen 플란천 심다, 재배하다

pflegen 플레건 돌보다, 간호하다

planen 플라넌 계획하다, 예정하다

pressen 프레썬 누르다, 압축하여 만들다

probieren 프로비런 맛보다, 시도하다

prüfen 프뤼펀 검사하다, 조사하다

putzen 푸천 깨끗이 하다, 닦다

R

rasieren 라지런 면도하다, 털을 깎다

raten 라턴 조언을 하다, 충고하다

realisieren 레알리지런 실현하다; 이해하다

reduzieren 레두치런 줄이다, 삭감하다

regnen 레그넌 비가 내리다

reisen 라이전 관광하다, 여행하다

reiten 라이턴 (말을) 타고 가다, 승마하다

rennen 레넌 달리다, 뛰다

reparieren 레파리런 수리하다, 보수하다

reservieren 레저비런 떼어두다, 남겨두다; 예약하다

rollen 롤런 구르다, 굴러가다, 굴리다

rufen 루펀 부르다, 말을 걸다

S

sagen 자건 말하다, 진술하다, 말을 전하다

sammeln 자멜른 모이다, 모으다

schaden 샤던 해를 끼치다, 손상시키다

schälen 셸런 껍질을 벗기다

schalten 샬턴 스위치를 켜다, 조작하다, 전환하다

schauen 샤우언 보다, 바라보다; 주의하다

schenken 셴컨 선물하다, 용기를 주다

schlafen 쉴라펀 자다, 취침하다, 쉬다

schmecken 쉬메컨 ~한 맛이 나다, 맛있다

schützen 쉬천 지키다, 막다

schwimmen 슈비먼 수영하다

sehen 제언 보다, 보이다

setzen 제천 두다, 얹다, 앉히다

singen 징언 노래하다, 지저귀다

sinken 징컨 가라앉다, 낙하하다

sollen 졸런 ~해야 한다, ~할 운명이다

spielen 슈필런 놀다, 시합을 하다

sprechen 슈프레헌 말하다, 얘기하다, 대화하다

spülen 슈퓔런 설거지하다, 헹구다

stehen 슈테언 서 있다, 멈추다, 어울리다

steigen 슈타이건 오르다, 타다

suchen 주헌 찾다, 찾아다니다, 검색하다

T

tanzen 탄천 춤추다, 댄스하다

tauchen 타우헌 잠수하다, 물속에 가라앉다

tauschen 타우쉔   교환하다, 교체하다

teilen 타일런   나누다, 분할하다

telefonieren 텔레포니런   전화를 걸다

tragen 트라건   운반하다, 나르다

treffen 트레펀   만나다

trinken 트링컨   (술을) 마시다

trocknen 트로크넌   말리다, 마르다

U

übernachten 위버나흐턴   밤을 지내다, 숙박하다

übersetzen 위버제천   번역하다, 번안하다

überweisen 위버바이전   송금하다, 이체하다

unterrichten 운터리히턴   가르치다, 알려주다

V

verabreden 페어아브레던   만날 약속을 하다

vereinigen 페어아이니건   통합하다, 합병하다

vergessen 페어게쎈   잊다, 잊어버리다

vergleichen 페어글라이현   비교하다, 견주다

verheiraten 페어하이라턴   결혼하다

verkaufen 페어카우펀   팔다, 매각하다

vermieten 페어미턴   임대하다

verschwinden 페어쉬빈던   사라지다, 없어지다

verstehen 페어슈테언   이해하다, 공감하다

vorstellen 포어슈텔런   (자기)소개하다, 면접을 보다

W

warten 바르턴   기다리다, 머물다

waschen 바쉔   빨다, 세탁하다

wechseln 벡셀른   바꾸다, 변경하다

wecken 베컨   깨우다, 불러일으키다

weinen 바이넌   울다, 눈물을 흘리다

werden 베르던   되다, 생성되다

werfen 베르펀   던지다, 팽개치다

wiederholen 비더홀런   반복하다, 다시 말하다

wissen 비쎈   알다, 알고 있다, 이해하다

wohnen 보넌   ~에 살고 있다, 거주하다

Z

zerbrechen 체어브레헌   부수다, 깨다, 파괴하다

zerreißen 체어라이쎈   찢다, 잡아 뜯다

ziehen 치언   당기다; 사육하다

zulassen 추라쎈   허락하다, 허용하다

zurückgeben 추뤽게번   돌려주다, 반환하다

독일어 발음부터 단어 · 기본 문법 · 회화까지

이것이 독학 독일어 첫걸음이다!

- -

초판 7쇄 발행 | 2024년 2월 5일

지은이 | 오민정
감　수 | Julia Buchholz
편　집 | 이말숙
디자인 | 윤누리, 박민희
일러스트 | 황종익
제　작 | 선경프린테크
펴낸곳 | Vitamin Book
펴낸이 | 박영진

등　록 | 제318-2004-00072호
주　소 | 07250 서울특별시 영등포구 영등포로 37길 18 리첸스타2차 206호
전　화 | 02) 2677-1064
팩　스 | 02) 2677-1026
이메일 | vitaminbooks@naver.com
웹하드 | ID vitaminbook / PW vitamin

© 2019 Vitamin Book
ISBN 979-11-89952-54-9 (13750)

잘못 만들어진 책은 바꿔 드립니다.

웹하드에서 mp3 파일 다운 받는 방법

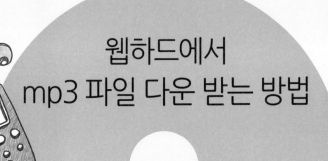

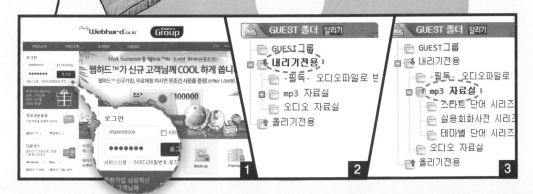

♥ **다운 방법**

▼

STEP 01	웹하드 (www.webhard.co.kr) 에 접속 아이디 (vitaminbook) 비밀번호 (vitamin) 로그인 클릭

▼

STEP 02	내리기전용 클릭

▼

STEP 03	Mp3 자료실 클릭

▼

STEP 04	이것이 독학 독일어 첫걸음이다 ! 클릭하여 다운로드